JN082476

利用者と提供者の視点で学ぶ

保険の教科書

植村信保 [著]

中央経済社

はじめに

　本書を手に取っていただき，ありがとうございます。本書『利用者と提供者の視点で学ぶ　保険の教科書』は初めて保険を学ぶ学生のほか，保険産業（保険会社，保険代理店など）で働く若手社員をはじめ，保険に関心を持つ皆さんに向けた入門書です（報道関係の皆さんにもぜひ手に取ってほしいです）。

　筆者は2020年4月に大学の教員となり，「保険論」「リスクマネジメント論」などを担当しています。それまでは格付会社のアナリストや金融庁の行政官（保険行政担当でした），あるいは保険会社の経営分析やリスク管理を支援するコンサルタントとして主に外部から保険産業に関わってきました。ところが，大学で本格的に教えるにあたり，保険と保険産業の全体像（特に後者）をわかりやすく記述した初学者向けの書籍がほとんど見当たらないことに気づきました。大学教員としては駆け出しの私ですが，それならば，と思い切って自ら執筆することにしました。

　本書の特徴は主に3つあります。1つめは，全体を「需要者（＝保険の利用者）」「供給者（＝保険の提供者）」という切り口で整理していることです。保険を理解するには保険のしくみを学ぶだけでは十分でなく，利用者はなぜ保険を必要としているのか，保険会社はどうやってリスクを引き受けているのかをあわせて理解し，はじめて保険の全体像を学ぶことができます。第Ⅰ部（第1〜7章）ではリスクマネジメントの基本を踏まえたうえで，保険の役割やそのしくみ，個人や企業のリスクに備えるための様々な保険について学び，第Ⅱ部（第8〜15章）では保険産業を知り，「保険会社はどのようにリスクを引き受けているか」「保険の流通市場はどうなっているか」「保険会社の経営破綻」などを学びます。

　2つめは，アカデミズムと実務の橋渡しを意識していることです。保険の理論が実際にはどのように使われているのか，あるいは現場で行われていることが理論上はどのような意味を持つのか。これまでの筆者の「格付アナリスト」「行政官」「コンサルタント」の経験を生かしつつも，実務に過度に傾斜した記述とはならないよう心がけました。

　3つめは，わかりやすさを追求しながらも，水準を下げていないことです。

本書は保険数理やファイナンスの専門書ではないので，数式はほとんど使っていません。だからといって内容では妥協せず，例えばリスクマネジメントの進化形であるERMや経済価値ベースの考え方（いずれも第14章），保険産業のデジタル化（第15章）など，保険産業がまさに取り組んでいるテーマも取り扱いました。

第15章でも述べていますが，保険は加入率が非常に高く，身近な存在であるにもかかわらず，わかりにくいとされる商品・サービスの典型です。保険を提供する保険会社の経営内容はさらに理解されていないと感じます。残念ながら保険産業で働く方々であっても，必ずしも理解が進んでいるとは言えないかもしれませんので，外部となるとなおさらです。外部から批判をするにしても，正しく批判しなければ「需要者」「供給者」ともに発展はありません。本書がもし両者のギャップを少しでも埋めるのに役立つのであれば，これほどうれしいことはありません。

2021年3月

植村　信保

目　次

第 Ⅰ 部　需要者から見た保険

第Ⅱ部　供給者から見た保険

第Ⅰ部

需要者から見た保険

第Ⅰ部ではリスクマネジメントの基本を踏まえたうえで，保険の役割やそのしくみ，個人や企業のリスクに備えるための様々な保険について学びます。

第1章 リスクと保険

この章では次のことを学びます

・リスクとは何か
・リスクマネジメントの目的と主な活動内容
・リスクへの対応方法

1 リスクとは何か

1-1 リスクの定義

　リスクという言葉を目にする（耳にする）ことは意外に多いのではないでしょうか。例えばこんな感じです。

・東京都の小池知事は記者会見で，「（新型コロナウイルスの感染により）若い方々でも重症化のリスクがないわけではない」と述べました。

・今回の記録的な豪雨で亡くなった方の多くは，国などが浸水や土砂崩れが起きるリスクが高いと事前に指定していた区域内で被災していたことがNHKの取材でわかりました。

（いずれもNHKのニュースサイトより引用）

　日常的に使われている「リスク」という言葉は，どうやら「危険」という意味で使われることが多いようです。もっとも，それが損失そのものを指す場合もあれば，損失が発生する可能性を指す場合もあるようで，かなり柔軟に使われているという印象です。

実のところ学問の世界にかぎっても，分野がちがえば「リスク」という言葉の使いかたもちがうことが多いのですが，それでは話が進まないので，本書では「リスク」という言葉を次のように定めておきます。

> ・結果の期待値が不確実な状態
> ・経済的な損失やリターンをもたらすもの
> ・結果をもたらす事象はまだ生じていない，あるいは，生じていても
>   結果が判明していない

1つめの「結果の期待値が不確実な状態」ですが，本書では結果を損失に限定せず，そのリスクを抱えることでリターン（収益，利益）が得られる事象も含めています。重要なのは「不確実」のところで，損失またはリターンが確実に発生する状態はリスクではないという整理です。

ただし，「不確実」とリスクの関係をどう整理するかは悩ましい問題です。個々の事象がいつ，どのような結果をもたらすかはわからなくても，その事象の生じる頻度や，生じた際の損失またはリターンの分布がかなりの程度わかるものもあれば，現在の私たちの知見では結果の期待値を予測しようがないという意味での「不確実」もあります。コイントスやサイコロを振った結果のように，発生頻度や期待値の分布がわかるのであれば，それはリスクではないという見解もあるでしょう。反対に，予測することがまったく不可能な事象はマネジメントのしようがなく，リスクとは区別してとらえるべきとする見解もあります。本書では完全に不確実なものを「リスクではない」と除くことはしませんが，後者のように区別して取り扱います（**図表1－1**）。

【図表1－1】「不確実」とリスクの関係

・損失や利益が確実に発生する（損失や利益が確率100%で発生する）
　＝　リスクではない
・損失や利益がどのような確率で起きるかがわかる
　（いつ，どの程度の大きさで発生するかはわからない）
　＝　リスク
・損失や利益がどのような確率で起きるかがわからない
　＝　不確実性

２つめの「経済的な損失やリターンをもたらすもの」とは，結果を金額で表すことができるという意味です。日常的に使う言葉としての「リスク」は，例えば「ニホンウナギは絶滅のリスクが懸念されている」「在宅介護は家庭崩壊のリスクを高める」などのように，金銭に換算することが難しいだけでなく，そもそも経済的な損失よりも，社会的・精神的な損失をもたらすものとして使われていることもあります。本書における「リスク」は，個人や企業などの組織に対し，あくまで経済的な損失やリターンをもたらすものを対象とします。

　３つめの「結果をもたらす事象の発生」については，すでに事象が生じた状態を含めるかどうかという論点があります。

　リスクは結果の期待値が不確実な状態なので，結果はまだ判明していません。例えば，時価1000万円の株式を保有していて，株価が下がり，時価が200万円減ったとします。この200万円はリスクが顕在化した状態であって，リスクではありません。これに対し，時価1000万円の株式を保有していて，株価が下がると，一定の確率で時価が200万円減るというのはリスクを抱えた状態であり，その大きさを200万円と評価していることになります。

　金融機関や保険会社にとってのリスク管理とは，もっぱらリスクが顕在化していない状態，すなわち，結果をもたらす事象がまだ生じていない状態における取り組みを指し，経営に深刻な影響を与えうる事象が発生してからの対応は「危機管理」として区別しています。他方で「災害リスクマネジメント」のように，事前対応だけでなく，事象が生じた後の減災対応を含めてリスクマネジメントとすることもあります。本書では原則として事象がまだ生じていない状態を「リスク」としますが，リスクマネジメントにおいては，事象発生後の危機管理の巧拙が結果に大きな影響を及ぼすのは確かであり，危機管理をリスクマネジメントの一部として扱います。

１－２　リスクの分類

　個人や企業が直面するリスクにはどのようなものがあるでしょうか。まずはリスク特性のちがいに応じて分類してみましょう。

　リスクにより生じる結果に注目した分けかたとして一般的なのは，「純粋リスク」「投機的リスク」という整理です。**図表１－２**のように，純粋リスクは

【図表1－2】純粋リスクと投機的リスク

	純粋リスク	投機的リスク
リスクにより生じる結果	損失の可能性のみを考慮	損失の可能性だけでなく，利益の可能性も考慮
事例	・事務ミスで顧客に損害が発生 ・地震で本社ビルが破損 ・システムダウンで業務中断	・円安で輸入代金が増加 　（円高だと減少） ・北米市場に新規参入

損失の可能性のみを考慮するのに対し，投機的リスクは損失の可能性だけでなく，リターンの可能性も考慮します。

　企業での例を考えると，純粋リスクは事業に付随して生じるリスクであり，事務ミスやシステム障害のリスク，災害による保有資産の毀損や事業中断のリスク，不祥事発生のリスクなどが当てはまります。一方，投機的リスクは景気変動リスクや規制変更リスク，輸出産業における為替リスクのように，事業に付随して生じるリスクのうち，損失を被ることもあれば，リターンを得られることもあるリスクが挙げられます。さらに，事業としてリターンを追求するために自発的に抱えているリスクもあります。保険会社の例で言えば，個人や企業のリスクを保険契約として引き受け，あらかじめ受け取った保険料を将来の保険金支払いに備えて資産運用するというビジネスなので，引き受けた保険の死亡率や発生率が期待していた水準から外れてしまうリスク（保険引受リスク）や，投資した資産の価格が変動したり，融資先が経営不振に陥り，返済不能となったりするリスク（資産運用リスク）が，保険会社がリターンを追求するために自発的に抱えている典型的な投機的リスクとなります。

1－3　確率分布のちがい

　このほか，リスクの結果がどのように分布しているか，すなわち，リスクそのものの特性に注目した分けかたも考えられます。リスクの定義の説明で，「個々の事象がいつ，どのような結果をもたらすかはわからなくても，その事象の生じる頻度や，生じた際の損失またはリターンの分布がかなりの程度わかる」リスクもあるという話をしました。これを言い換えれば，「確率分布がわ

【図表1－3】 確率分布（左右対称）

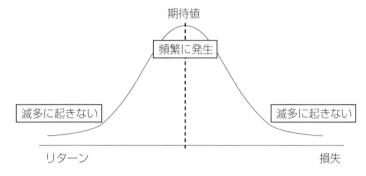

かる」ということです（より正確に言えば、「過去データなどにより確率分布を推測できる」）。

　確率分布は事象により異なります。**図表1－3**で示したような、期待値を中心に分布がほぼ左右対称となっているリスクとしては、株式など有価証券の価格変動リスク、保険会社にとっての死亡率や自動車事故の発生率などが挙げられます。左右対称の釣り鐘型の分布を正規分布と言い、期待値の付近では頻繁に発生し、分布の裾野では滅多に起きません。

　これに対し、融資先が経営不振に陥り、返済不能となり、損失を被るリスク（信用リスク）の分布は、**図表1－4**のように、通常は左右対称ではありません。それは、融資先の返済不能はそう頻繁に生じる事象ではないものの、発生すると損失が多額になるからです。

　先ほどの整理で、損失の可能性のみを考慮する「純粋リスク」としたリスクの多くも、推測される確率分布は左右非対称です。例えばシステム障害のリスクを考えてみましょう。通常のシステム障害であれば、企業活動にそれほど大きな影響を及ぼすことはありません。しかし、滅多に起きないとはいえ、サイバー攻撃を受けるなどしてシステムが完全にダウンし、事業が中断したり、取引先に損害を与えたりしたら、その損失は多額なものとなるでしょう。

【図表1－4】確率分布（左右非対称）

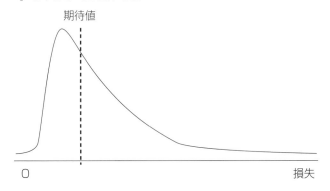

1－4　分布がよくわからないリスク

　確率分布を推測することができるリスクのほか，推測が難しいリスクも存在します。この「推測が難しい」には2種類あって，1つは分布がよくわからないというもの。厳密にいえば，確率分布が完全にわかっているリスクはなく，境界線を引く必要はないのかもしれませんが，地震のように観察できる過去データが限られていたり，サイバー攻撃を受けるリスクのように，技術革新や経済・社会の変化に伴い生じた新たなリスクだったりすると，分布を推測するのが難しくなります。

　もう1つは「エマージングリスク」と言って，現在は存在していない，もしくは個人や組織として認識していないが，環境変化などにより認識が必要となるリスクです。現時点では影響の大きさや発生時期を把握できないため，分布を推測しようがありませんが，リスクマネジメントを行う際には，エマージングリスクについても気を配る必要があります。

〔参考〕企業の直面するリスクの例

株式会社オリエンタルランドの事例（2020年3月期の有価証券報告書より）

（1）東京ディズニーリゾートのクオリティ低下に関するリスク
　①ハード面（施設・サービスなど）のクオリティ
　②ソフト面（キャストのホスピタリティなど）のクオリティ
（2）オペレーションに関するリスク
　①製品の不具合
　②法令違反
　③情報セキュリティ
（3）外部環境に関するリスク
　①天候
　②災害
　③テロ
　④感染症
　⑤景気変動
　⑥法規制など

株式会社ファーストリテイリングの事例（2019年8月期の有価証券報告書より）

（1）経営戦略遂行上の固有（Specific）リスク
　①経営人材リスク
　②競合リスク
　③生産の特定地域への依存リスク
　④企業買収リスク
　⑤海外事業リスク
　⑥為替リスク
（2）一般（General）事業リスク
　①製造物責任リスク
　②営業秘密・個人情報漏洩リスク
　③天候リスク
　④災害リスク
　⑤紛争・訴訟リスク
　⑥経済環境・消費動向の変化のリスク

（出所）各社の有価証券報告書「事業等のリスク」より筆者作成

2　リスクマネジメント

2－1　リスクマネジメントの目的

　リスクマネジメント（リスク管理）とは，リスクを適切に管理して，個人の効用や企業価値を高めることを目的とする意思決定のプロセスです。

　自らが直面するリスクによって個人や組織が経済的な損失を被るおそれがあるのなら，リスクを避けたいと考える個人や組織であれば，これを軽減したいと考えるでしょう（コストとの見合いになりますが）。

　とりわけ企業は，企業価値を減らしてしまうような損失の発生を避けたいという動機だけではなく，そもそもリターンを得るためにあえて経営リスクを抱えていますので，リスクをうまく管理（マネジメント）することで，リターンを確保したいという動機があります。リスクマネジメントは企業活動にとって重要な意思決定プロセスと言えるでしょう。

　なお，リスクマネジメントがなぜ企業価値を高めるのかについては，本書では取り扱いません。参考文献として，柳瀬典由ほか『リスクマネジメント』（中央経済社）を挙げておきます。

2－2　リスクマネジメントの流れ

　リスクマネジメントは意思決定プロセスであると書きました。具体的には**図表1－5**のような活動内容となります（第14章「ERM」も参照）。

　リスクマネジメントを行うには，まず，自らがどのようなリスクを抱えているのかを把握する必要があります（＝リスクの洗い出し）。リスクを洗い出すうえで大切なのは網羅性です。企業であれば，前述の「エマージングリスク」への対応も行うべきでしょう。現在は存在していない，もしくは組織として認識していないが，環境変化などにより認識が必要となるリスクなので，常にアンテナを張り，新たなリスクを探す取り組みが求められます。

　次に，洗い出したリスクを評価します。リスクによって生じる損失やリターンの大きさと発生頻度がわかれば，リスクの大きさ（結果の期待値）を数値で

【図表1－5】リスクマネジメントの主な活動内容

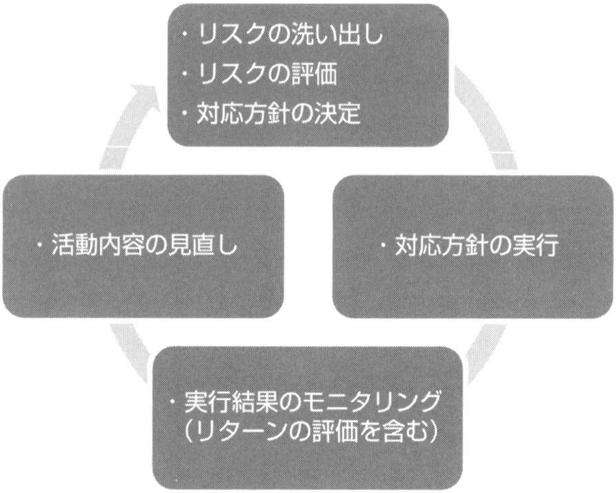

測ることができます。それが難しくても，企業であれば，経営判断に結びつくような具体的なシナリオを考えることで，企業価値を大きく左右するであろう重要なリスクを特定し，意思決定の判断材料とすることは可能です。実務の世界では，リスクを可視化した「リスクマップ」「ヒートマップ」と呼ばれる，各種のリスク事象を影響の大きさと発生頻度でマトリクスにした図表を作成し，重要度に応じて分類する取り組みも広まっています（**図表1－6**）。

　リスクを評価したら，今度は個人や組織としてそれぞれのリスクにどう対応したいのかを考え，その考えに沿った対応方法を選び，実行します。何も対応しないというのも対応方針の一つです。リスクとは結果の期待値が不確実な状態なので，もしリスクを抑えたいのであれば，期待値を小さくするか，あるいは，不確実さを抑えることが必要です。

　その後は実行した結果をモニタリングして，必要に応じてコントロールを行います。外部環境の変化や販売動向などにより，当初のリスク評価とは大きく変わってしまうこともあるので，特に企業にとっては経営リスクのモニタリングは欠かせません。金融機関の場合，数値で評価した企業全体のリスク（統合リスク量）が経営体力（自己資本など）の範囲内に収まっていることを定期的に確認する実務が普及しています。

【図表1－6】リスクマップのイメージ

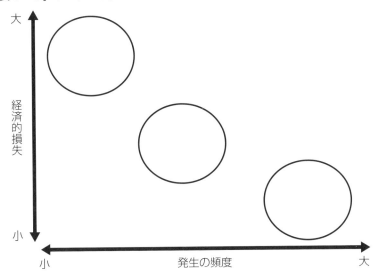

リスクマネジメントが企業価値の向上を目的とするのであれば，リターンの評価も必要です。経営としてリスクをとった結果，期待通りにリターンを上げることができているかどうか，できていなければ経営計画をどう修正するか。リスクはリターンの源泉であり，企業にとってリスクマネジメントの活動は経営そのものということがわかります。

活動内容の最後に「活動内容の見直し」を挙げました。リスクマネジメントの枠組みはいわばオーダーメイドであり，マネジメントを実行するのは人間ですから，どこかで既成のパッケージを買ってくれば完成というものではありません。また，リスクの計測をはじめとする技術面も発展途上にあります。このため，実務の世界ではリスクマネジメントの活動内容のなかに「活動内容の見直し」を組み込み，実効性を高めるようにしています。

2－3　リスクコントロール

リスクへの対応方法は「**リスクコントロール**」と「**リスクファイナンス**」に大別できます（**図表1－7**）。

【図表1−7】 リスクへの対応方法

リスクコントロール	回避	・発生頻度をゼロにする
	軽減	・発生頻度を減らす ・発生後に生じるであろう損失を減らす
	分散	・ポートフォリオによるリスク軽減 ・リスク・プーリング

リスクファイナンス	保有
	移転

　このうちリスクコントロールとは，結果の期待値を減らそうという取り組みです。発生頻度を下げる取り組みと，発生後に生じるであろう損失を減らす取り組みがあり，リスクの回避や軽減などの方法があります（リスクを回避することでリターンが得られなくなることもあります）。さらに，複数のリスクを組み合わせることにより，期待値やその不確実性を減らす方法として，リスクの分散によるコントロールがあります。

　リスクの回避とは，発生頻度をゼロにする対応です。例えば，新幹線は踏切事故をなくすため，踏切をなくすという対応をしています（フル規格の場合）。あるいは，株式投資で損をしたくなかったら，株式投資をしなければいいという発想です。ただし，踏切をなくすには，すべての交差ポイントを立体化しなければならず，相当なコストがかかりますし，株式投資をしなければ，株式投資によるリターンをあきらめなければなりません。

　期待値をゼロにはできないまでも，事前の対応などにより発生頻度を減らしたり，起こりうる損失を小さくしたりすることは可能です。例えば，地震災害により損失を被るリスクを減らすためには，建物を補強し，家財を固定するという対応が考えられますが，これがリスクの軽減にあたります。保険業界ではリスク軽減活動を「ロスプリベンション」と言い，保険会社は保険を引き受けるだけでなく，様々な「ロスプリ」サービスを提供しています。

　リスクの分散とは，複数のリスクを組み合わせることで，全体としてのリスクを抑える方法です。証券投資に関心のある人（あるいはファイナンスを勉強した人）は「ポートフォリオ理論」という言葉を目にしたことがあるでしょう。

ただし，リスクが複数であっても，それが同じような分布を持つものどうしだったら，リスク分散の効果は得られません。地震災害リスクで言えば，東京に本社のある会社が基幹システムのバックアップを横浜に設置しても，首都直下地震が起これば いずれも被災してしまい，リスク分散になりません。これに対し，例えばバックアップを福岡に設置すれば，東京と福岡で同時に震災が発生する可能性は低いので，リスク分散による効果を得ることができます。

なお，保険会社はリスク・プーリングと言って，同質のリスクを大量に集めることで不確実性を減らし，リスクの軽減を図っています。個々のリスクは独立して生じる（人の生死であれば，Aさんの死とBさんの死に関連性はない）ので，リスク分散効果を得ることができます。

2－4　リスクファイナンス

リスクコントロールを行っても，結果の期待値を完全になくすことは困難ですし，コストやリターン獲得との兼ね合いから，なくすのが正解とは限りません。タクシー会社が運転手の交通事故をゼロにするため，リスク回避としてタクシーの運転を禁止してしまうと，交通事故はゼロになったとしても，当然ながら会社は存続できません。

そこで，リスクが現実のものとなり損失が発生した場合の経済的な備えをあらかじめ準備しておこうというのがリスクファイナンスです。リスクファイナンスの方法にはリスクの保有と移転があります。

リスクの保有とは，抱えているリスクを単にそのままにしておくという意味ではありません。結果は同じかもしれませんが，リスクマネジメントでは後述するリスクの移転と比較して，保有のほうが有利と判断すれば保有を選ぶという能動的な取り組みです。保有を選ぶ場合，損失が発生した際に必要となる資金の原資を事前に準備しておく，銀行と交渉して災害時の融資枠を確保しておくといった取り組みを行うことも考えられます。

これに対し，リスクの移転とは，リスクを保険会社や金融市場などの第三者に移し，リスクをコストに変える取り組みです。ここでやっと保険が出てきました。保険はリスク移転の代表的な方法です。保険会社と契約を結ぶことで，個人や組織はリスクを保険会社に移転し，代わりに保険料という形でコストを

負担します。より正確に言えば，保険料のうち保険会社の運営にあてられる部分がリスク移転のためのコストであり，将来受け取るかもしれない保険金にあてられる部分は損失の期待値に相当します。

　リスク移転の方法には保険のほか，先物取引やオプション取引などのデリバティブを使ったリスクヘッジ，キャットボンドに代表される保険リスク商品などもあります。デリバティブは第6章で説明しますので，ここではごく簡単にキャットボンドの紹介をしておきます。

　キャットボンド（CATボンド，巨大災害債券）とは，地震やハリケーンのような多額の保険金支払いをもたらす自然災害のリスクを，保険会社ではなく，金融市場に参加する投資家に移転する仕組みです。この債券は，満期までに特定の自然災害が起こらなければ元本が戻ってきますが，災害が生じた場合には，元本が減る（または返ってこない）というもので，通常の債券よりも利息が高く設定されています。保険とはちがい，元本が減るかどうかは災害に伴う損失発生の有無ではなく，あらかじめ定めておいた特定の自然災害が起こるかどうかとなっています。

　日本企業によるキャットボンドの活用例としては，東京ディズニーリゾートを運営するオリエンタルランドが1999年に地震債券を発行し，地震リスクに備えたことがありました。地震債券は2004年に満期を迎え，同社はその後，別のスキームで地震災害時の資金確保を行っています。

2−5　リスクはできるだけ避けるべきか

　繰り返しになりますが，リスクマネジメントとは，リスクを適切に管理することによって，個人の効用や企業価値を高めることを目的とする意思決定のプロセスです。個人の場合には，リスクとどう向き合うかはそれぞれの価値観にも左右されますし，リスクはできるだけ避けるべきと考える人が多くても不思議ではありません。

　しかし，企業の場合は違います。特に株式会社の経営者は，株主をはじめとしたステークホルダー（利害関係者）のために，企業価値を高めるのが仕事であり，リスクをとるために存在しています。リスクをとらなければリターンは得られませんし，事業を行えば必ず何らかのリスクが生じます。

それでは，リターンの源泉となるリスクだけを抱え，事業活動に伴って発生するリスクをできるだけ避ければいいかというと，そう単純ではありません。これまで見てきたように，リスクコントロールを行うにも，リスクファイナンスを行うにもコストがかかります。コストを上回る効果がなければ，企業価値をかえって損ねてしまうので，リスクマネジメントではその企業にとって最適なリスクのコントロール体制や保有状態を探ることになります。

> **この章のまとめ**
>
> ・リスクとは「危険」ではない
> ・リスクマネジメントにより個人の効用や企業価値を高めることができる
> ・リスクへの対応方法には「リスクコントロール」と「リスクファイナンス」がある

第2章 保険のしくみ

この章では次のことを学びます

・保険の役割は何か

・保険はどのようにして成り立っているのか

・保険が成り立たないのはどのようなときか

1 保険とは何か

1-1 保険の本質的な役割

　第1章のリスクマネジメントで保険が登場したのはリスクへの対応方針の決定と実行のところで，リスク移転手法の1つとして取り上げました。保険はリスク移転の代表的な方法であり，保険会社と契約を結ぶことで，個人や組織はリスクを保険会社に肩代わりしてもらうことができます。つまり，保険の本質的な役割はリスク移転です。

　保険を活用するには保険会社と契約を結びます。保険会社は保険金などを支払う義務があり，保険契約者は保険料を支払う義務が生じます。こうした保険契約についてのルールを定めた法律である保険法（第7章で説明します）では，保険について次のように定義しています。

> 「当事者の一方が一定の事由が生じたことを条件として財産上の給付を行うことを約し，相手方がこれに対して当該一定の事由の発生の可能性に応じたものとして保険料を支払うことを約する契約」
>
> （保険法第2条より引用。筆者が一部修正）

ところで，保険契約の定義のなかに「保険料」という言葉が出てきますが，「当該一定の事由の発生の可能性に応じたもの」とあるので，保険料は単なるリスク移転サービスの対価ではなく，リスクの発生可能性に応じて計算されたものだとわかります。

1－2　保険契約の基本構造

　保険は契約なので，ここで基本的な保険用語を説明しておきます。

・**保険者**：保険契約の当事者のうち，保険給付（保険金などの支払い）を行う義務を負う者で，通常は保険会社です。
・**保険契約者**：保険契約の当事者のうち，保険料の支払義務を負う人のことです。
・**被保険者**：損害保険契約で補償される損害を受ける人，あるいは，その人の生死や傷害疾病により保険者が給付を行うこととなる人です。保険契約者と被保険者が同じ場合も多いですが，異なる場合もあります。
・**保険金受取人**：保険給付を受ける人です。生命保険契約では受取人を指定することができます。

　保険契約の基本的な構造は次の**図表2－1**のとおりです。

【図表2－1】保険契約の基本構造

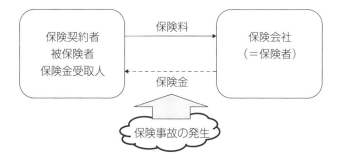

2 保険のしくみ

2−1 2つの原則

保険契約者からリスクを移転された保険者（保険会社）は，もし契約期間中に一定の事由（以下，保険事故と言います）が発生したら，保険金受取人に対して保険給付を行う義務があるため，保険給付が可能となるような水準の保険料を集める必要があります。すなわち，次の関係が成り立ちます。

$$n \times P = r \times Z$$
P：保険料
Z：保険金
n：保険契約者の数
r：保険契約者のうち保険事故で給付を受ける数

これを「**収支相等の原則**」といい，保険が成り立つためには保険者が集めた保険料の総額と，保険者が支払った保険給付の総額が等しくなる必要があることを示しています。

例えば，保険契約者1000人のうち，50人に保険事故が起こるとして，1人100万円の保険金を支払うのであれば，保険料はいくらにするべきでしょうか。保険会社は総額5000万円（50人×100万円）の保険金を支払います。この5000万円を1000人の保険契約者で負担するので，1人あたり5万円を保険料として集めれば，収支が均衡します。

先ほどの式の両辺をn（保険契約者の数）で割ると，次のようになります。

$$P = r / n \times Z$$

r / n は保険事故の発生率なので，保険料は保険給付の期待値に等しいということを示しています。これを「**給付反対給付均等の原則**」といいます。

先ほど保険料について，「単なるリスク移転サービスの対価ではなく，リスクの発生可能性に応じて計算されたもの」と述べました。この式が示すとおり，

契約期間中に保険事故が生じなければ，保険契約者（正確には保険金受取人）が保険金を受け取ることはなく，保険料は保険給付の対価ではなく，保険給付の期待値への対価であることがわかります。

2－2　大数の法則

お気づきかもしれませんが，収支相等の原則が成り立つには保険事故で給付を受ける数（r）がわからなければなりませんし，給付反対給付均等の原則が成り立つには保険事故の発生率（r／n）がわからなければなりません。ここがわからなければ，保険会社は大きなリスクを負うことになってしまいます。先ほどの数値例であれば，保険事故で給付を受ける人が1000人のうち50人（5％）だとわからなければ，1人あたり5万円の保険料を集めても，お金が足りなくなるかもしれません。

第1章で，保険会社はリスク・プーリング，すなわち，同質のリスクを大量に集めることで不確実性を減らし，リスクの軽減を図っていると述べました。もし私が自動車事故を起こす確率が年5％だと予測されていても，その事故がいつ起こるかはわかりません（＝偶然に左右される事象）。しかし，事故を起こす確率が私と同程度の人をたくさん集めると，年5％という予測値に近づきます。これを「**大数（たいすう）の法則**」といいます。大数の法則は，偶然に左右される事象について，少ないサンプルでは確率がわからなくても，たくさんのサンプルを集めることで確率が判明するというもので，コインの表裏やサイコロの目で実験できます。

大数の法則により，同じようなリスクを持つ契約者が増えるほど，死亡率や発生率は予測した値に近づくので，保険会社はこの法則を使って保険を引き受けています。ただし，個々のリスクは独立して生じることが前提であり，自動車事故であれば，通常は私の事故の起こしやすさと，他の契約者の事故の起こしやすさに関連性はないと考えられるので，大数の法則が働きます。

2－3　保険料の設定

大数の法則を利用して，収支が均衡するような保険料を決めることはできますが，実務では他の様々な要素も考慮したうえで保険料を算出します。保険リ

スクの引き受けについて詳しくは第9章で学びますが，ここでは重要な4つの要素を説明します。

保険料の前払い

　1つめは，保険会社は保険料を事前に受け取るということです。保険契約者からみれば，保険料を前払いすることになりますが，事故が起きてから追加で徴収されることはありません。

　保険と呼ぶかどうかは別にして，保険事故が発生し，保険給付が確定してから保険料を集めるという方式もありえます。これなら保険事故の発生率がわからなくても大丈夫ですし，大数の法則を活用するために契約者を増やす必要もありません。しかし，後払い方式は保険料の徴収が大変です。契約期間中に保険事故が起きなかった人に後から保険料を支払ってもらうには，何らかの条件や工夫がいります（契約者がすべて知り合いで，支払わないと社会的な制裁を受けるなど）。保険料を徴収できなければ「収支相等の原則」が成り立ちませんので，保険も成り立ちません。

　保険料を事前に受け取ることによって，保険会社には資金が滞留します。長期の保険を提供する保険会社ほど，滞留資金の規模が大きくなります。後述のように，保険が金融機能を果たすのは，この資金の存在があります。

平準保険料の採用

　2つめは，生命保険における平準保険料の採用です。生命保険の場合，高齢になるほど死亡率が上がるので，「給付反対給付均等の原則」にしたがって保険料が決まるのであれば，中高年の保険料は非常に高くなってしまいます。死亡に対する備えが必要な時に保険に加入できなくなってしまうのは困るので，保険期間を通じて保険料を一定の金額とする平準保険料が考え出されました（**図表2-2**）。なお，年齢に応じた保険料を自然保険料と言います。

　平準保険料を採用すると，長期の生命保険が実質的に成り立つようになるだけでなく，保険会社に滞留する資金が増え，資産規模が大きくなります。

【図表2－2】自然保険料と平準保険料

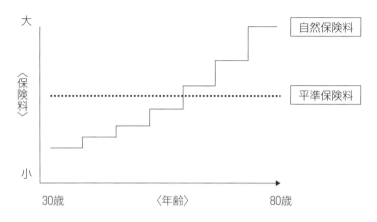

貨幣の時間価値を考慮

　3つめは、保険会社が保険料を事前に受け取ることで、受け取るタイミングと保険金を支払うタイミングのズレが生じるため、「貨幣の時間価値」を考慮して保険料を算出していることです。

　お金の価値は時間によって変わり、今の10万円と10年後の10万円の価値は違います（**図表2－3**のように、10年後の10万円の今の価値は約9万円です）。特に生命保険では収支のタイミングのズレが非常に大きくなるため、金利（予定利率）で割り引くことで、保険料に貨幣の時間価値を反映しています。金利水準が下がると保険料が上がることが多いのはこのためです。

【図表2－3】貨幣の時間価値の概念図
　　　・10年後の10万円は現在の約9万円（金利1％の場合）

付加保険料の設定

　最後は付加保険料です。これまでの説明はいずれも保険給付のために必要な保険料（純保険料と言います）に関するものでしたが，保険会社がリスクの移転を受け入れて保険給付を行うには，保険事業を運営するためのコストがかかります。そこで，保険会社は純保険料に加え，運営コストを賄う部分を付加保険料として契約者から徴収しています。

3　保険の機能

3−1　経済的保障（補償）機能

　繰り返しになりますが，保険の本質的な役割はリスク移転です。保険契約が成立すると，契約の対象となるリスクは保険会社に移転されます。加えて，保険会社は事前に保険料を受け取り，給付が発生するまでは資金が滞留しますので，金融機関としての役割も果たしています。

　この2つの役割をマクロ的な観点から深掘りしてみましょう。前者は保険の持つ「経済的保障（補償）機能」と整理できます。リスクを保険会社に移転することで，個人や組織は結果が不確実な未来を，経済的な価値という意味ではより確実な未来にすることができます。

　もし保険がなかったら，いったいどうなるでしょうか。自分に万一のことがあったら，残された家族は今の貯金だけで生活していけるでしょうか。自分が交通事故を起こしてしまったら，被害者にどうやって弁償したらいいのでしょうか。保険がなければ，こうしたリスクの備えとして貯蓄を増やすなど，自らで対処しなければなりませんし，リスクを恐れ，積極的な活動を控えざるをえません。あるいは，交通事故の被害者が損害賠償を請求しても，加害者に賠償金を支払えるだけの資力がなければ，泣き寝入りするしかありません。

　このように考えると，保険が存在することで経済的な不確実性が減り，個人や組織の積極的な活動を促す効果が期待できると言えるでしょう。被害者救済の役割もありそうです。

3－2　金融機能

　保険会社は銀行のような預金取扱金融機関ではありませんが，保険料を原資に個人や企業，あるいは政府に資金を供給する役割を担っています。

　「機関投資家」という言葉をご存じでしょうか。個人投資家がもっぱら自らの資金を元に資産運用を行うのに対し，機関投資家は事業として顧客や委託者のために資産運用を行います。保険会社は信託銀行や投資顧問会社，年金基金などと並ぶ代表的な機関投資家です。なかでも生命保険会社の資産規模は全社合計で約400兆円と非常に大きく，金融市場への影響も大きくなっています。（参考までに，損害保険会社の資産規模は約30兆円です）。

　生命保険協会が作成した，生保運用資産の構成割合の推移をみると，1980年代までは株式と貸付金が運用資産の大半を占め，重化学工業への投融資など，日本の高度成長を支えていたことがうかがえます。その後，企業部門が資金不足から資金余剰に転じ，生保の資産構成も国債などの公社債や外国証券が中心となりました（**図表2－4**）。

　前述のように，長期の保険では貨幣の時間価値を保険料に反映していることから，保険会社は割引率に応じた運用収益を確保する必要があります。ただ，保険の金融機能はあくまで副次的なものであり，保険会社は資産運用業務を通じて資金を供給するために存在するのではなく，本質的な機能（リスク移転）を果たすために存在しています。現在，多額の国債を保有しているのも，財政赤字をかかえる政府のファイナンスを助けるためではなく，将来の保険金支払いをより確実に行うためです。

　やや脱線しますが，日本の構造的な資金過不足の変化に苦しんでいるのが銀行などの預金取扱金融機関です。銀行は資金余剰の個人部門から預金を受け入れ，資金不足の企業部門に資金を供給する機能を担ってきました。ところが企業部門が恒常的に資金余剰となってしまい，全体としてみれば企業の資金需要は低下しています。近年，地域金融機関の再編が続いているのは，低金利環境に加え，このような資金構造の変化も影響しています。

【図表2－4】生保運用資産の構成割合の推移

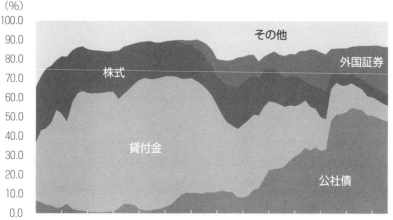

（出所）生命保険協会「生命保険事業概況」より筆者作成

3－3　保険は助け合いのしくみなのか

　保険の役割として，保険は助け合いのしくみであり，おたがいが支え合うことにより，社会全体を支えているという見方があります。しかし，私はこのような見方にはやや否定的です。

　前述のとおり，保険が成り立つには収支相等の原則（保険料の総額と保険給付の総額が等しくなる）が成り立たなければならず，それには保険事故の発生率が安定して推移する必要があるため，保険会社は大数の法則を活用し，同じようなリスクを持つ集団を形成することで，保険を引き受けています。ただ，集団を形成しないと保険が成り立たないとしても，集団を形成するメンバーは他のメンバーを助けているのでしょうか。リスク・プーリングは保険事故の発生率の不確実性を減らすための技術であって，メンバーどうしが支え合っているのではありません。給付反対給付均等の原則が示すように，それぞれの契約者はそれぞれの給付の期待値に応じた保険料を支払っています。

　また，生命保険で平準保険料（保険期間を通じて保険料は一定）を採用していても，若い世代がシニア世代を助けているのではありません。平準保険料方

式の場合，若いうちは自然保険料（年齢に応じた保険料）よりも保険料が高くなりますが，保険給付に使われなかった保険料はシニア世代の給付に充てられるのではなく，将来の保険給付に備えて保険会社が管理します。第6章で説明する社会保険とは違い，民間の保険では世代間扶助や所得の再配分といった機能はありません。

保険には助け合いの機能がなくても，保険を提供する組織が相互扶助の理念のもとに設立され，運営されていることはあります。代表的な例は，共済を提供する協同組合です。共済の機能は保険と同じであり，契約に関する法律も同一（保険法）ですが，協同組合は組合員の相互扶助を目的とする法人です。保険会社にも，相互扶助の精神を経営理念として掲げているところが目立ちます。しかし，運営組織が相互扶助の理念を掲げることと，保険が相互扶助のしくみかどうかは別の問題です。

> ・保険は自助の仕組み
> ＝自分が他の加入者を助けているのではない
> 　若い世代がシニア世代を助ける仕組みではない
> ・組織が相互扶助の理念のもとに設立されていることはある

4　保険の限界

4−1　技術的，経済的な限界

これまで保険が持つ機能について考えてきましたが，保険のしくみが成り立たない，あるいは成り立たなくなる可能性についても考えてみましょう。

技術的な限界としては，保険事故の発生率を測るのが難しく，収支相等の原則を確保しにくいリスクへの対処が挙げられます。観測データが少ないリスク事象，同質のリスクを集められない事象，リスクが独立していない（偶然に左右されるものではない）事象については大数の法則をうまく活用できません。例えば，新型コロナウイルス感染症の拡大に伴う経済的な損失は，保険化が難しい典型的なリスクと言えます。

経済的な限界も考えられます。地震災害や航空事故，原子力事故のように，もし技術的な条件は達成できていたとしても，発生頻度が極めて小さいとはいえ，事故が生じた際の損失があまりに大きく，保険会社が支払い不能に陥りかねないようなリスクについては，保険が成り立ちにくいと言えます。反対に，発生頻度が高く，給付が小規模なものにとどまるリスクは，技術的には保険を提供できるとしても，事業運営のためのコストが制約となります。

　いずれの場合も経済的な制約なので，リスクとして完全に保険化できないというのではなく，制約を設けて部分的に提供するとか，技術の進展により事業運営コストが下がれば提供できるようになるといったことも考えられます。民間では経済的および技術的な制約から提供するのが難しい保険を，政府が直接提供したり，民間と共同で提供したりすることもあります（**図表2－5**）。

【図表2－5】政府による保険の提供例

貿易保険	＝	日本企業の輸出不能リスクや代金回収不能リスクを補償
預金保険	＝	金融機関が経営破綻した場合のセーフティネット
農業保険	＝	農業経営全般に対する補償
森林保険	＝	森林所有者に対し，森林火災などによる損害を補償

4－2　社会的な限界

　この後に述べるモラルハザードの問題のほか，リスク移転のあり方や技術的な手法が保険として社会的に認められないということもあります。

　生命保険では保険契約者と被保険者が異なる契約が可能です（他人の生命の保険契約と言います）。例えば従業員の福利厚生の一環として，企業が保険契約者となり，従業員が被保険者となるケースや，銀行が契約者となり，住宅ローンの借り手が被保険者になるケースなど，こうした契約は，状況によっては利点もあります。ただし，制約なしに他人の生命の保険契約を認めてしまうと，保険金殺人事件を誘発しかねません。そこで，保険契約者と被保険者が異なる生命保険の場合には，被保険者の同意がなければ契約できないことになっています。

トンチン年金についても紹介しましょう。死亡者の持ち分が生存者に移ることにより，生存者に多くの給付が与えられるしくみ（トンチン性）を利用した年金保険です。冷静に見れば，これは長生きリスクに備えた保険であり，死亡者が保険料を支払ったのに給付を受けられなくても，特段問題はないように思います。というのも，死亡リスクに備えた生命保険では，生存者が保険料を支払ったのに給付を受けられませんが，これを問題とする人は少ないからです。ところが，死亡したら持ち分が没収される（ように見える）のは財産権の侵害であるとか，死亡者の保険料で生存者が得をするのは反道徳的だとかいう見方もあります。保険会社の監督官庁である金融庁はトンチン性の強い商品の提供を認めていませんが，死亡者にも一定の給付を行うなどトンチン性を弱めた長生きリスク対応の商品は相次いで登場しています（**図表 2 － 6**）。

　技術的な手法に関しては，保険会社が被保険者の遺伝子情報を使って契約の可否を判断したり，保険料を決めたりしてもいいかというテーマがあります。2017年に金融庁が，保険契約に遺伝関連の文言がないかどうかを調査し，文言が確認された33社に削除を求めたことがありました（保険会社が遺伝情報を保険引き受けで使っていたという話ではありません）。金融庁は商品認可にあたり，不当な差別的取り扱いをするものではないかどうかを審査の重要項目としていますが，遺伝的特徴に基づいた保険の引き受けは不当な差別的取り扱いにあたるという判断をしています。

　いずれの事例を見ても，社会的な限界は線引きが難しく，時代が変われば認められる，あるいは認められなくなるという面があります。

【図表 2 － 6】トンチン年金

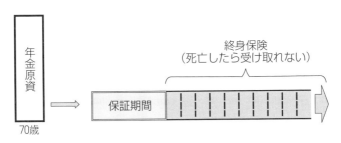

4－3　情報の非対称性による問題

　保険契約者は自分の情報をよく知っているのに対し，保険者は保険契約者の情報をよくわかりません。この状態を情報の非対称性といい，何も対処しないと保険が成り立たなくなるおそれがあります。

　契約前の情報の非対称性によって起きる問題が「**逆選択**」です。いつも安全運転で事故を起こすリスクが低い人と，危険な運転を好みリスクが高いと考えられる人を，保険会社が判別できないとします。保険会社は両者の平均的な保険料を示しますので，安全運転の人にとっては高い保険料となってしまい，自分のリスクが低いと知っていれば，この保険に入るのをやめるでしょう。すると，保険に残るのはリスクが高い人ばかりとなり，収支が悪化します。保険会社は保険料を引き上げるので，さらに低リスクの人が抜けてしまい，また収支が悪化します。これが保険契約における逆選択の事例です。保険会社が契約者のリスクを正確に把握できれば，リスクに応じた保険料を示すことが可能ですが，情報収集のためのコストはかかります。

　コラム　**レモンの原理**

　情報の非対称性によって生じる逆選択の問題を最初に示したのが，2001年にノーベル経済学賞を受賞した米国の経済学者ジョージ・アカロフです。アカロフは「レモン市場：質の不確実性と市場メカニズム」という論文のなかで中古車市場における逆選択の問題を分析しました。

　ここで言う「レモン」とは「欠陥自動車」のことです。中古車市場には品質の良い車と悪い車（レモン）の２種類があり，売り手には両者のちがいがわかりますが，買い手にはその区別がつきません。この場合，売り手は品質の良い車が安い価格で取引されるのを避けるため，中古車市場ではレモンばかりが取引されることになります。

　このように，契約前の情報の非対称性が存在する世界で市場取引を行うと，価格メカニズムを通じて悪質な財のみが選択され，良いものが淘汰されることを「レモンの原理」といいます。

（参考文献：下和田功編「はじめて学ぶリスクと保険」）

契約後の情報の非対称性によって起きる問題が「モラルハザード」です。同じく自動車保険で例えると，契約者は保険に入ったことで，事故を起こしても補償されるのだからと安心してしまい，安全運転を怠るようになるかもしれません。保険で修理費がカバーされるからと，必要以上に修理に費用をかけることがあるかもしれません。その結果，保険会社が当初見込んでいた保険給付の期待値よりも実際の給付が大きくなり，保険の収支が悪化し，保険会社は保険料を引き上げなければなりません。保険会社が契約者の行動を常に監視していれば，情報の非対称性を和らげることができますが，それにはコストがかかります。

　逆選択もモラルハザードも，そのままでは保険が成り立たなくなるおそれがあるため，実務では各種の対応をとっています。

この章のまとめ

・保険の本質的な役割はリスク移転。金融機能はあくまで副次的なもの

・保険の基本原則は「収支相等の原則」と「給付反対給付均等の原則」

・技術的，経済的，社会的な限界により保険が成り立たないこともある

第3章 保険の歴史

この章では次のことを学びます

- ・近代的な保険とは何か
- ・海上保険，火災保険，生命保険の歴史を学ぶ
- ・日本の保険市場はどのように発展したか

1 保険の歴史

1−1 なぜ保険の歴史を学ぶ必要があるのか

　保険にかぎらず，私たちが生きている現代社会を理解するうえで，歴史を学ぶことは不可欠です。なぜなら，過去の経緯を知らないと，いま，どうしてそれがそうなっているのかを理解するのが難しいからです。

　保険についても同じです。ある日突然，現在の姿で保険が登場したのではなく，保険が成立する社会的背景があり，その後の試行錯誤を経て，現在の姿となりました。

　また，登場後の保険が常に市場で自由に取り引きされたわけではありません。中国の例ですが，中国では19世紀前半から列強の進出とともに保険制度も登場していました。ところが1949年に中華人民共和国が設立されると，国営の保険会社が市場を独占するようになり，さらには保険不要論の高まりで，なんと事実上，保険市場が20年間も消滅していたそうです。その後，1970年代末からの改革開放政策で復活し，民間からの参入規制緩和などもあり，いまに至っています。現在の中国の保険市場は米国に次いで世界第2位クラスの市場規模ですが，過去にはそのようなことがあったのです。

以下では，近代的な保険が成立した順番に，海上保険，火災保険，生命保険の誕生を見ていきます。

1－2　近代的な保険とは

最初に「近代的な保険」とは何か，第2章の説明を思い出しながら考えてみましょう。

保険的な発想はかなり古くから存在していたことが確認されています。日本損害保険協会『損害保険の歴史』によると，「古代ギリシャ時代の海上輸送では，嵐や海賊など予期せぬ危険に遭遇した場合，船と乗組員を守るため，やむを得ず積荷を海に捨てることもあり，その損害は，荷主と船主で負担するという習慣が生まれました。これが保険の考え方の始まりです」とあります。

また，生命保険協会『生命保険の基礎知識』によると，「中世ヨーロッパでは，商人たちは職業ごとに同業者組合『ギルド』を作り，冠婚葬祭など組合員の経済的マイナスを組合全体で分担しあっていたことから，このギルドを生命保険の起源とする説があります」とあります。

ヨーロッパだけではありません。例えば古代日本には屯倉（みやけ）という制度があり，共同体の経済的準備という点で保険的発想があったと言われています。鎌倉時代に誕生したとされる無尽（むじん）や頼母子講（たのもしこう）には，共同体メンバーから集めた資金を，必要なメンバーが活用するという金融機能のほか，まとまった資金ニーズへの備えとしての機能もありました。

近代的な保険とこれらの制度は何が違うのでしょうか。1つは保険料計算に代表される技術的な要素です。近代的な保険では，過去データなどから保険給付の期待値を合理的に見積もり，契約者の間で不公平にならないような保険料を算出します。もう1つは契約関係の成立です。近代的な保険では，保険会社と契約を結ぶことで，保険会社は保険金などを支払う義務が生じ，保険契約者は保険料を支払う義務が発生します。いくら契約書を交わしても，契約の拘束力が機能しない社会であれば，保険は成り立ちません。ギルドや無尽，頼母子講が成り立っていたのは，共同体としての相互監視が働くからであって，共同体の枠外の人は参加できません。

2 近代的保険の登場

2－1 海上保険

世界史の中で最初に登場した保険は海上保険です。損害保険の一種で，現代の海上保険には船舶の保険と，貨物・運送の保険があります。

海上保険の起源には諸説あるようですが，ここでは「冒険貸借」が海上保険の前身となり，14世紀の北部イタリアの商業都市で海上保険が誕生したという説を紹介します。

冒険貸借は，企業家（船主）が資金提供者から資金を借りて航海し，無事に航海が終了したら，高い利息を付けて資金を返しますが，航海に失敗すれば，返済が免除されるという条件付きの金銭貸借取引で，海上保険が誕生するまで地中海貿易などで普及していたしくみです（**図表3－1**）。企業家が事前に保険料を資金提供者に支払うのではなく，航海に成功したら事後的に利息を支払います。この利息は保険料というだけでなく，資金調達のコストでもあります。

ところが，キリスト教会により利息が禁止され，そこで考え出されたのが冒険貸借のリスク移転機能のみを取り出した海上保険です。事前に一定の金額（プレミアム）を支払えば，海上危険のリスクを負担してもらえるしくみでした。その後，国際貿易の中心がイギリスのロンドンに移動するとともに，海上保険取引の中心もロンドンに移ります。

【図表3－1】冒険貸借

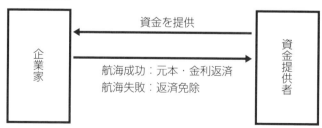

企業家　←　資金を提供　←　資金提供者

航海成功：元本・金利返済
航海失敗：返済免除

【写真3−1】ロイズビル

（注）筆者撮影

　17世紀のロンドンでは，ロイド・コーヒーハウス（当時のロンドンではコー
ヒー店が流行していました）において，海上保険に関する情報交換のほか，ロ
イドが提供する海事情報などをもとに保険取引そのものも行われるようになり
ました。さらには，保険引受を専門にする「アンダーライター」も登場するよ
うになり，保険取引市場として機能するようになります。

　保険の対象がハイリスク・ハイリターン型の海上危険なので，当時のアン
ダーライターたちが合理的な保険料設定をしていたかどうか疑問はありますが，
ロイドは取引環境を整備し，ロイド・コーヒーハウスはその後，保険取引市場
ロイズとして発展します（**写真3−1**）。現在もこのロイズの存在により，ロ
ンドンは国際的な保険取引の拠点として機能しています。

2−2　火災保険

　イギリスで海上保険をヒントに考え出されたのが火災保険です。生物の進化
のように，保険も海から陸に上がりました。きっかけの1つは1666年のロンド
ン大火です。ロンドン（シティ）の8割を焼き尽くしたという火災を教訓とし
て非木造の耐火建築が増えるのとともに，すでに存在していた海上保険を参考
に，火災保険を提供する会社が相次いで設立されました。

興味深いのは，当時の保険会社は火災保険の引き受けだけでなく，自前の消防隊を持ち，消火活動を行っていたことです（ロンドンの消防活動が公営となるのは19世紀後半から）。契約者の家が火事となっても，ただちに自前の消防隊が出動すれば，保険金の支払いを減らすことができます。契約者の家には「ファイアマーク」が掲げられ，消化活動の目印となっていました。

　日本損害保険協会「損害保険の歴史」によると，初期の保険会社でも，火災の発生率や建物の数から保険料を算出していたそうで，近代的な保険の原型と言えるでしょう。ただ，適正な保険料を算出できるようになるには時間がかかったようで，しばらくは保険会社の新規参入と経営破綻が繰り返されています。保険事業は先にお金（保険料）を受け取り，後から支払いが生じるので，企業家には魅力的に映るようです。しかし，火災保険にかぎらず，相次いで設立された保険会社が，いざ支払いとなると準備金が足りなくなり，経営が破綻し，社会問題になるという事象は，ヨーロッパでも日本でも起きています。

　火災保険がイギリスで発達した背景には，世界初の産業革命がイギリスで起きたこともあります。18世紀から19世紀にかけてのイギリスでは紡績機械や蒸気機関といった技術革新などにより経済活動が盛んとなり，火災保険に対する需要が広がっていきました。

【写真3－2】戦前に存在した「明治火災保険」のファイアマーク

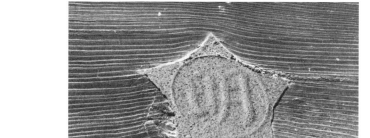

（注）筆者撮影

なお，ドイツではイギリスとは違うかたちで火災保険が登場します。ドイツのハンブルグでは火災損害に対する同業者（ビール醸造業など）による相互扶助組織が多数存在し，これが17世紀に公営の火災保険組織に一本化されたという歴史があります。17世紀に市民革命が起き，ギルド（同業者組合）の特権を廃止していったイギリスとはちがい，ドイツでは中世からのギルドが社会に定着していたことが関係しているのでしょう。

2-3　生命保険

　世界初の近代的生命保険会社と言われるのが，イギリスで1762年に設立されたエクイタブル生命保険会社（エクイタブル・ソサエティ）です。またしてもイギリスですが，市民革命を経て共同体社会から市民社会になったことや，産業革命で経済が発展し，個人としての経済的損失への備えが求められるようになったことなどが関係していると考えられます。

　エクイタブルが登場する前にも生命保険を提供する組織はありました。1706年設立のアミカブル・ソサエティは，不特定多数の組合員を集めて運営された生命保険組合でしたが，保険料は年齢区分をしない平均保険料方式だったので，事業を維持するために高齢層の加入を制限していました。これに対し，エクイタブル社では生命表（年齢ごとの死亡率表）を使い，大数の法則を活用し，さらに平準保険料を採用することで，終身保険の提供が可能となりました。エクイタブル社の成功により，内外で生命保険会社が設立されていきます。

　その後，イギリスで生命保険が本格的に普及するようになったのは，19世紀半ばにプルデンシャル保険会社が労働者向けの簡易保険（小口生命保険）を提供し，成功を収めてからです。それまで富裕層向けだった生命保険が国民全体に広がっていきました。

　参考までに，現在のイギリスの生命保険市場は，私たちがイメージする生命保険，すなわち，死亡保障や医療・介護保障を中心とした市場ではなく，加入時に保険料を一括で支払い，資産運用の成果に応じて保険給付が変化したり，配当が得られたりする貯蓄・投資性商品を主体とした市場になっています。なかでも個人年金が広く浸透しており，個人金融資産の5割が保険・年金です。どうしてそうなったのか詳細はわかりませんが，20世紀になって社会保障の充

実が進んだことが影響しているとは言えそうです。

　なお，エクイタブル社は比較的最近まで存続していました。しかし，個人年金の保証負担が重荷となり，2000年に事実上の破綻に追い込まれています。

3　日本における保険の歴史

3－1　日本における近代的保険の登場

　前述のように，日本にも古くから保険的発想はあり，中世以降の無尽，頼母子講といった相互扶助組織や，江戸時代の「海上請負」という荷主への貨物補償制度など，保険類似のしくみもありました。ただし，これらが近代的な保険へと発展したのではなく，日本の保険制度は幕末から明治維新にかけて海外から移入されたものです。

　福沢諭吉は1867年に出版した『西洋旅案内』のなかで，保険を「災害請合の事・イシュアランス」として紹介しています。生命保険は「人の生涯を請合ふ事」，火災保険は「火災請合」，海上保険は「海上請合」です（**図表3－2**）。

【図表3－2】『西洋旅案内』より

> 「災難請合とは，商人の組合ありて，平生無事の時に人より割合の金を取り，万一其人へ災難あれば，組合より大金を出して其損亡を救ふ仕法なり。其大趣意は，一人の災難を大勢に分ち，僅の金を棄て大難を遁る〻訳にて，譬へば今英吉利より亜米利加へ一万両の荷物を積送るに二百両斗の請合賃を払へば，其船は難船するとも，荷主は償を取返すべし。」「災難の請合に三通りあり。第一　人の生涯を請合ふ事。第二　火災請合。第三　海上請合・・・」

　日本最初の保険会社は，1879年設立の東京海上保険会社です（現在の東京海上日動火災保険株式会社）。日本損害保険協会「明治150年関連特集」によると，東京・横浜間の鉄道払い下げに失敗した華族たちの資金を活用し，海上保険会

社の必要性を唱えていた渋沢栄一が自国資本による海上保険会社の設立を提案したとのこと。華族たちが鉄道の払い下げに成功していたら，保険の歴史が変わっていたかもしれません。

　1881年には，福沢諭吉の門下生により，保険数理に基づく日本初の近代的生命保険会社として明治生命保険会社が設立されました（現在の明治安田生命保険相互会社）。生命保険協会「明治時代の生命保険事業について」によると，死亡率に関する統計が未整備だったため，イギリスの生命表を使っていたそうです（1890年前後には日本独自の生命表も公表されています）。ただ，損害保険に比べると，生命保険の必要性を理解し，保険に入ってもらうのは大変だったようで，地主や実業家，銀行等の地方の名士に代理店になってもらい，啓蒙活動を行いながら販売したそうです。

　1887年には日本最初の火災保険会社として東京火災保険会社が設立されています（現在の損害保険ジャパン株式会社）。いわゆるお雇い外国人としてドイツから来日していたパウル・マイエットの提言を受け，政府による強制火災保険の導入も検討されましたが，最終的には民間が担うことになりました。

3－2　競争と統制

　日本経済の発展に伴って保険会社の設立が相次いだため，政府は法的な整備が必要となり，1900年に保険業法が制定されています。保険事業の免許主義を採用し，政府による監督が規定されました。監督官庁（当時は農商務省）が生命保険会社に検査に入ったところ，杜撰（ずさん）な経営を行っている会社が多く見られたこともあり，保険会社の整理統合の方針を示しています。

　とはいえ，戦前の保険市場は競争が激しく，例えば生命保険市場では「高配主義（高い契約者配当をアピールする戦略）」と「低料主義（低い保険料をアピールする戦略）」の競争が見られ，火災保険市場では料率（価格）競争と料率協定が繰り返されています。

　市場が競争的でなくなったのは，戦時色が強まり，統制経済となってからです。1939年に保険業法が全面改正され，価格競争が消滅します。この保険業法は1995年まで続き，保険市場は戦後も長く厳しい規制下に置かれました。

3－3　護送船団行政の確立

　敗戦により保険市場も再出発を強いられました。特に生命保険では，戦後の激しいインフレーションで保有契約の価値が下がり，新契約の獲得も不振となったことで，保険会社は事業の存続が難しくなりました。多くの会社は金融機関再建整備法を適用し，新会社を設立しています（資産と負債を新・旧勘定に分離し，旧会社を解散）。新会社の大半は株式会社ではなく，相互会社として設立されました。監督官庁である大蔵省の強い指導の下で，全社が同じ保険料率を使うようになり，契約者への配当も横並びとなります。

　損害保険でも，戦争で保険の対象となる物件が減り，市場が著しく縮小しました。1947年に独占禁止法が制定され，本来であれば損害保険の料率協定は法律違反となりますが，適用除外となりました。1951年からは損害保険料率算定会による料率使用が義務となり，戦前のような料率競争と料率協定の繰り返しはなくなり，経営が安定していきます。

　こうして生命保険，損害保険ともに政府の影響力が非常に強い市場となり，「護送船団」行政と言われる大蔵省の指導体制が確立していきます（**図表3－3**）。保険市場はこの体制の下で，日本経済の復興・成長や生活水準の向上とともに発展していきました。

　日本の保険市場を学ぶとき，「自由化」「規制緩和」という言葉をよく目にするのは，この護送船団行政が1990年代まで続いていたからです。1995年に保険業法が全面改正され，保険会社にある程度の自由な競争を認める新たな規制体系となっています（規制環境の変化については第12章で記述します）。

【図表3－3】護送船団行政の主な特徴

> ・監督当局に広範な権限を与える
> ・当局が経営のあらゆる段階を具体的に監督
> ・新規参入・退出の制限が厳しい
> ・商品内容は横並びで価格競争もない

4 日本の保険市場の推移

4－1 生命保険市場の変化

　ここからは，戦後の保険市場がどのように変わっていったのかを見ていきましょう。まずは生命保険です。

　戦前から戦後しばらくは，生保市場の主力商品は養老保険という，死亡保険金額と満期保険金額が等しく，貯蓄性の強い保険でした（保険商品については第5章で学びます）。かつての日本では大家族が多く，純粋な保障よりも貯蓄性のある商品が好まれました。ただし，戦前とちがうのは，保険会社が現在につながる女性中心の営業職員組織による訪問販売というビジネスモデルを築いたことです。保険料は月払いで，営業職員が集金を行いつつ，同じ地域で契約獲得の活動もします。

　1960年代後半からの高度成長期には，世帯構造の変化などを踏まえ，養老保険に定期特約を加え，死亡保障を大型化した定期付養老保険が主力となり，1980年代になると，死亡保障をより重視した定期付終身保険が主力となりました（**図表3－4**）。主力商品が保障性の強いものに変わっていった背景としては，高度成長で生活水準が向上したことや，大家族が減り，1人の稼ぎ手が支える核家族が増えたこと，さらには，女性営業職員による訪問活動（職域など）が成功を収めたことなどが挙げられます。

【図表3－4】定期付終身保険（イメージ）

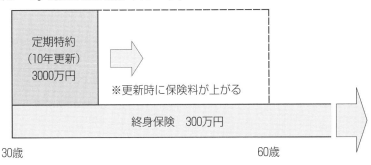

定期特約
（10年更新）
3000万円

※更新時に保険料が上がる

終身保険　300万円

30歳　　　　　　　　　　　　　　　　　　　60歳

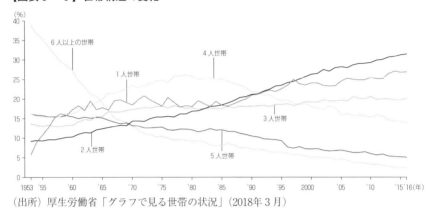

【図表3－5】 世帯構造の変化

6人以上の世帯

4人世帯

1人世帯

3人世帯

2人世帯

5人世帯

1953 '55　　'60　　'65　　'70　　'75　　'80　　'85　　'90　　'95　2000　'05　　'10　'15 '16(年)

（出所）厚生労働省「グラフで見る世帯の状況」（2018年3月）

　死亡保障の大型化を進め，保有契約を順調に伸ばしていった生命保険会社で
すが，バブル経済が崩壊した1990年代以降，状況が変わります。2000年前後に
は中堅規模の会社が相次いで経営破綻し，生保経営への不安感が高まるという
事件も起きました。世帯構造がさらに変化したこともあり（**図表3－5**が示す
ように単身世帯や2人世帯が増えました），1980年代までのような死亡保障の
大型化を進める戦略は難しくなり，生前給付保障や医療保障など，商品の多様
化が進みます。

　1990年代後半からの規制緩和の進行によって，保険会社のビジネスモデルも
多様になりました。歴史の長い会社は，引き続き女性営業職員による訪問販売
で各種の保障を提供するというビジネスモデルを維持していますが，保障の組
み合わせではなく，「医療保険」「がん保険」などを単品で提供し，自前の販売
組織を持たず，代理店に委ねるといった経営を行う会社もありますし，銀行な
ど金融機関を通じた保険販売に特化している会社もあります。

　生命保険の死亡保障は，一家の稼ぎ手が亡くなった場合，残された遺族の生活を保障するものです。

　1990年代以降，日本の社会は家族構成の面で大きく変わりました。単身世帯や2人世帯が増えただけではありません。一家の稼ぎ手が1人という世帯は少数派となりました。50歳時の未婚割合も年々高まっています。

専業主婦世帯と共働き世帯

（万世帯）

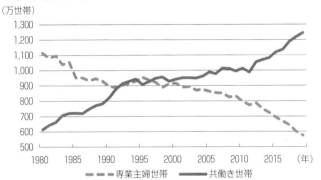

（出所）労働政策研究・研修機構「早わかり　グラフでみる長期労働統計」をもとに筆者一部省略

50歳時の未婚割合の推移

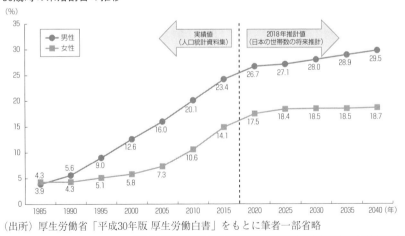

（出所）厚生労働省「平成30年版 厚生労働白書」をもとに筆者一部省略

4－2　損害保険市場の変化

　図表3－6をご覧ください。海上保険から始まった日本の損害保険ですが，すでに戦前から収入保険料に占める海上保険の割合は小さく，火災保険が最大種目となっていました。

　戦後の損害保険市場の成長を支えた種目は自動車保険です。日本で初めて自動車保険が誕生したのは大正時代の1914年で，日本にはまだ自動車が1000台くらいしか走っていませんでしたので，自動車保険の主な目的は自らの財産への補償でした。それが戦後の復興とともに日本でもモータリゼーションが進展し，自動車が本格的に普及するようになった1950年代には，自動車保有台数の増加とともに，交通事故も増えていきます。交通事故の被害者を救済するため，1955年には強制保険である自動車損害賠償責任保険（自賠責保険）が誕生し，任意の自動車保険も交通事故の加害者責任を意識したものとなりました。1970年代には自動車保険（自賠責保険と任意保険）が全体の5割を超えるようになり，それは現在も変わりません。

【図表3－6】種目別構成比の推移

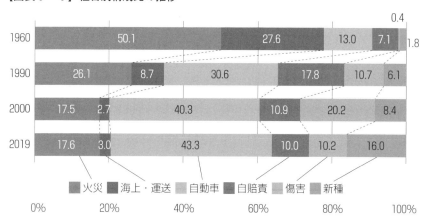

（出所）MS&ADホールディングスのサイトおよび「日本の損害保険 ファクトブック2020」より筆者作成

余談ですが，かつての自動車保険は交通事故の多さから収支が厳しかったため，自動車保険の提供に慎重だった会社と，将来の成長に期待して積極的に提供した会社があり，収入保険料で見た業界順位が入れ替わることもありました。

　積立保険についても触れておきましょう。現在は金利水準が低く，ほとんど提供されていませんが，1980年代から90年代前半までは貯蓄性のある積立保険が損害保険会社の主力商品の１つでした。積立保険は補償機能と貯蓄機能がセットになった商品で，1960年代に登場した長期総合保険（貯蓄性のある火災保険），1970年代に登場し，積立保険の代表的存在になった積立傷害保険などがあります。1990年代には年金タイプの積立保険（年金払積立傷害保険）も登場し，高い利率を保証していたため，生命保険会社と同じように，損害保険会社もその後の金利低下で苦しむことになりました。

　こうしてみると，戦後の損害保険市場は自動車保険や積立保険など，個人向け商品の成長に支えられてきたと言えるでしょう。とはいえ，企業向け商品でも各種の賠償責任保険や費用・利益保険（事業中断リスクの補償など），動産総合保険（商品や製品などの損害を補償）など，新たな補償が次々に登場し，近年ではこれら新種保険の割合が徐々に高まっています。

> ### この章のまとめ
>
> ・近代的な保険には，技術的な要素と契約関係の成立が不可欠だった
> ・現在に続く近代的な保険はイギリスなど欧州で誕生した
> ・日本の保険市場の発展には経済成長や社会の変化が強く影響している

第4章 損害保険

この章では次のことを学びます

・保険の対象となっているリスクにはどのようなものがあるか

・住まいに関わるリスクにはどのような保険があるか

・自動車保険はどのようなリスクを補償するのか

1 保険の分類

1−1 対象リスクによる分類

　第2章で保険の限界について説明したように，個人や組織が抱えているリスクのうち，すべてを保険でカバーできるわけではありません。技術的，経済的，社会的な条件があったものがリスク移転の対象となります。

　保険の対象となっている主なリスクを次のように分類してみましょう。

・ヒトに関するもの

・モノに関するもの

・カネに関するもの

・その他

　ヒトに関する保険としては，死亡時の遺族への生活保障のほか，長生き（生存）リスクに対するもの，病気やけが，就業不能といったリスクに対するものがあります。モノに関する保険は財物の損害を補償するもの，カネに関する保険は事業中断など収入の減少を補償するものなどです。その他の保険としては，

各種の賠償責任に対する保険などがあります。

1－2　保険法による分類

　保険取引は保険者（保険会社）と保険契約者で契約を結ぶことで，この契約ルールについて定めた法律が保険法です。保険法では保険を次のように分類しています。

生命保険契約

　保険者が人の生存又は死亡に関し一定の保険給付を行うことを約するもの（傷害疾病定額保険契約に該当するものを除く。）

傷害疾病定額保険契約

　保険契約のうち，保険者が人の傷害疾病に基づき一定の保険給付を行うことを約するもの

損害保険契約

　保険契約のうち，保険者が一定の偶然の事故によって生ずることのある損害をてん補することを約するもの

傷害疾病損害保険契約

　損害保険契約のうち，保険者が人の傷害疾病によって生ずることのある損害（当該傷害疾病が生じた者が受けるものに限る。）をてん補することを約するもの

　保険の分類方法は他にもいろいろと考えられますが，本章では以上を踏まえたうえで，個人向け損害保険のうち「住まいの保険（火災保険と地震保険）」「自動車保険（強制保険と任意保険）」を中心に説明します（傷害保険は第5章で医療保険などとともに説明します）。

2 住まいの保険

2−1 火災保険

　住まいに関わるリスクは，建物や家財に火災や自然災害などを原因として損害が発生するおそれがあることで，火災保険がその損害を補償します。ただし，地震や噴火，津波による損害は火災保険では補償されず（地震による火災も補償の対象外です），後述の地震保険に加入する必要があります（**図表4−1**）。

【図表4−1】主な火災保険

```
＜個人向け＞
　・住宅火災保険
　・住宅総合保険
　・積立火災保険
＜企業向け＞
　・普通火災保険（一般物件，工場物件，倉庫物件）
　・企業財産包括保険
```

　かつての個人向け火災保険は文字通り火災による損害を補償するためのものでした。消防白書によると，1960年代までは建物の焼損面積が1万坪以上の大火がしばしば発生し，年間の出火件数が7万件を超えた年もありました（1973年と78年）。現在は防火対策が進み，耐火建築も増えたため，大火はめったに起きなくなりました。出火件数も4万件を下回っています。

　他方，日本では台風による被害など風水災害が頻繁に発生します。1959年の伊勢湾台風では，死者・行方不明者が5千人を超え，愛知県を中心に全国に甚大な被害をもたらしました。ただ，当時の火災保険は風水災を補償していなかったので，これをきっかけに火災保険で風水災を徐々に補償していくようになり，現在は多くの火災保険で地震・噴火を除く自然災害を補償するようになっています（補償範囲は商品により様々です）。大規模な自然災害が発生するたびに，保険会社は多額の保険金を支払っています（**図表4−2**）。

【図表4－2】過去の主な風水災等による保険金の支払い

順位	発生年月日	災害名	地域	支払保険金 （見込みを含む） （単位：億円）
1	2018.9.3〜5	平成30年台風21号	大阪・京都・兵庫等	10,678
2	2019.10.6〜13	令和元年台風19号	東日本中心	5,826
3	1991.9.26〜28	平成3年台風19号	全国	5,680
4	2019.9.5〜10	令和元年台風15号	関東中心	4,656
5	2004.9.4〜8	平成16年台風18号	全国	3,874
6	2014.2月	平成26年2月雪害	関東中心	3,224
7	1999.9.21〜25	平成11年台風18号	熊本・山口・福岡等	3,147
8	2018.9.28〜10.1	平成30年台風24号	東京・神奈川・静岡等	3,061
9	2018.6.28〜7.8	平成30年7月豪雨	岡山・広島・愛媛等	1,956
10	2015.8.24〜26	平成27年台風15号	全国	1,642

（出所）日本損害保険協会「日本の損害保険　ファクトブック2020」

　火災保険を契約するには，補償の対象となる建物や家財の金銭的価値（保険価額と言います）を評価し，保険金額を決めます。契約期間は短期が1年，長期は最長10年となっています。

　保険金額の設定方法は，再調達価額ベースと時価ベースがあります。再調達価額ベースとは，補償の対象である建物や家財と同等のものを現時点で再建・再購入するために必要な金額をベースにした方法で，新価ベースと呼ぶこともあります。一方，時価ベースとは，再調達価額から時間の経過や使用による消耗分を引いた金額（すなわち時価）をベースにした方法です（**図表4－3**）。

【図表4－3】再調達価額ベースと時価ベース

> 再調達価額（新価）
> 　⇒　補償の対象である建物や家財と同等のものを現時点で
> 　　　再建・再購入するために必要な金額
> 時価
> 　⇒　再調達価額から時間の経過や使用による消耗分を引いた金額

【図表4－4】 全焼時に支払われる保険金額

> 再調達価額（2500万円）で契約
>   ⇒　全焼時の保険金は2500万円
> 時価ベースで2500万円で契約
>   ⇒　全焼時の時価が1900万円であれば全焼時の保険金は1900万円

　金融を勉強していると時価ベースに軍配を挙げたくなるかもしれませんが，通常は時間の経過とともに時価が下がり，損害額は事故発生時の時価を基準とします。このため，時価ベースで保険金額を設定してしまうと，受け取った保険金だけでは建物の再建や家財の再構築ができません（**図表4－4**）。現在の契約は再調達価額ベースが一般的ですが，過去に契約した長期の火災保険では注意が必要です。

　火災保険の保険料は建物の構造により違います。「住宅物件」「一般物件」それぞれについて構造級別を定め，リスクの大きさを保険料に反映しています。住宅物件とは住宅専用の建物で，店舗や事務所などとの併用住宅は一般物件となります（他に「工場物件」「倉庫物件」があります）。住宅物件では，コンクリート造の共同住宅（M構造）のように燃えにくい建物の保険料は安く，木造の戸建住宅（H構造）の保険料は高くなっています（**図表4－5**）。

　なお，住宅総合保険などの火災保険には各種の費用保険が付いていて，事故時の臨時費用や，消火活動に必要な費用が支払われます。

【図表4－5】 構造級別

	専用住宅 （住宅物件）	店舗など （一般物件）	具体例（住宅物件の場合）
保険料安い ↑ ↓ 保険料高い	M構造	－	コンクリート造の共同住宅　など
	T構造	1級	コンクリート造の戸建住宅（耐火建築物）など
		2級	鉄骨造の戸建住宅（準耐火建築物），省令準耐火建物に該当するツーバイフォー住宅　など
	H構造	3級	木造の共同住宅，戸建住宅　など

（出所）日本損害保険協会サイト「損害保険Q&A」

2−2　地震保険

　地震保険は，居住用の建物と家財が地震・噴火またはこれらによる津波を原因とする火災・損壊・埋没・流失による損害を補償する保険です。前述のように，これらの損害は火災保険ではカバーされていません。

　この地震保険は「地震保険に関する法律」に基づき，政府と損害保険会社が共同で運営しています。というのも，地震のリスクは発生頻度や大きさを統計的に把握するのが難しく，大数の法則をうまく活用できません。また，大地震が発生すると，東日本大震災のように被害が広範囲にわたり，損害額が多額となります（関東大震災規模の地震再来で10兆円以上の保険金支払いが見込まれています）。民間のみで対応するのが難しいリスクであり，1964年の新潟地震をきっかけに，1966年に地震保険制度が誕生しました（**図表4−6**）。

　政府は地震保険に対し，**図表4−7**のように再保険を通じて関与しています。地震リスクを引き受けた保険会社は，いったんリスクをすべて日本地震再保険株式会社（損害保険会社が出資）に再保険としてまとめ，このうち一定部分を

【図表4−6】地震保険の特徴

補償される損害	地震・噴火・津波を原因とする火災，損壊，埋没，流出による損害
保険の対象	居住用の建物および家財
保険金額	付帯する火災保険の30〜50%（上限あり）
保険料率	都道府県により異なる

【図表4−7】政府再保険スキーム

（出所）日本損害保険協会「日本の損害保険　ファクトブック2020」

政府に再々保険として出しています。

　火災保険に比べると，地震保険には様々な制約があります。まず，地震保険単独では契約できず，火災保険とセットで契約しなければなりません。設定できる保険金額は火災保険の保険金額の30〜50％の範囲ですし，建物は5000万円，家財は1000万円という限度額があります。そもそも法律には「地震等による被災者の生活の安定に寄与することを目的とする」とあり，建物の再建を目的としたものではありません。政府が関与しているものの，1回の地震等による保険金の総支払限度額も定められています（現在は11.7兆円です）。東日本大震災では1.2兆円の保険金が支払われました。

　火災保険では損害の程度に応じた実損額が支払われる（再調達価額ベースの場合）のに対し，地震保険では生活の再建には迅速な支払いが必要ということで，損害の程度を「全損」「大半損」「小半損」「一部損」の4区分で認定します。以前は3区分だったのですが，それぞれの区分の差が大きすぎるという東日本大震災での経験を踏まえ，半損区分が2つに分かれました（**図表4−8**）。

　リスクの大小に応じて保険料が異なるのは火災保険と同じです。建物の構造

【図表4−8】支払われる保険金額

損害の程度	保険金	状態（建物については次のいずれかの場合）
全　損	保険金額の100％	1.主要構造部の損害額が建物の時価の50％以上の場合 2.焼失・流失した床面積が建物の延床面積の70％以上の場合
大半損	保険金額の60％	1.主要構造部の損害額が建物の時価の40％以上50％未満の場合 2.焼失・流失した床面積が建物の延床面積の50％以上70％未満の場合
小半損	保険金額の30％	1.主要構造部の損害額が建物の時価の20％以上40％未満の場合 2.焼失・流失した床面積が建物の延床面積の20％以上50％未満の場合
一部損	保険金額の5％	1.主要構造部の損害額が建物の時価の3％以上20％未満の場合 2.建物が床上浸水または地盤面から45cmを超える浸水を受け損害が生じた場合で，全損・半損に至らないとき

（出所）日本損害保険協会サイト「損害保険Q&A」

（木造か非木造か）に加え，建物の所在地（都道府県）によっても保険料が違います。木造住宅の場合，地震リスクが大きいとされる千葉県，東京都，神奈川県，静岡県と，最も小さいとされる県では，保険料率に３倍以上の差がついています。耐震等級割引など各種の割引制度もあります。

　地震保険は単独では加入できず，自動付帯ではありません。**図表４－９，４－10**のように世帯加入率や火災保険への付帯率は年々高まっていますが，加入率のほうは，まだ３割を超えたところです。ただし，地域による加入率の差は大きく，宮城県，愛知県，熊本県のように加入率が４割を超えているところもあります。

【図表４－９】地震保険の世帯加入率

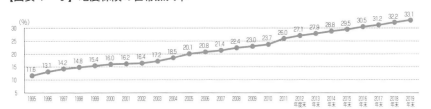

（出所）日本損害保険協会「日本の損害保険　ファクトブック2020」

【図表４－10】地震保険の付帯率

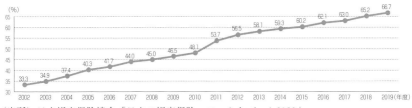

（出所）日本損害保険協会「日本の損害保険　ファクトブック2020」

3 自動車保険

3－1 自賠責保険

　自動車保険は自動車事故などによる様々な損害を補償する保険の総称で，強制保険である自動車損害賠償責任保険（自賠責保険）と，契約者が任意に加入する自動車保険の２階建てになっています。損害保険会社にとっては，収入保険料の５割以上を占める最大種目です（**図表 4 －11**）。

【図表 4 －11】くるまの保険

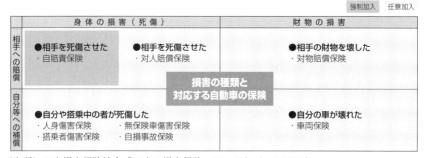

（出所）日本損害保険協会「日本の損害保険　ファクトブック2020」

　２階建ての１階部分にあたる自賠責保険は，自動車事故により相手を死傷させた場合の損害賠償を補償します。自動車損害賠償保障法（自賠法）に基づき，全ての自動車（原付バイクを含む）に契約の義務があります。

　自賠責保険が強制なのは，人身事故の被害者を救済するためです。**図表 4 －12**のように，自賠法が制定された1955年は，自動車保有台数が急増し，これに伴って交通事故も年々増え，「交通戦争」として社会問題になった時代でした。加害者に賠償能力がなければ，被害者は損害賠償を得られないので，強制保険を導入し，加害者の賠償能力を確保しました。ひき逃げ事故のように加害者が不明な場合には，政府が加害者に代わり損害を補償します。

　自動車には車検の義務があり，自賠責保険に入っていなければ車検を受けら

【図表 4 −12】交通事故死者数の推移

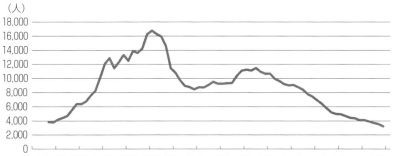

（出所）警察庁サイト「統計表　交通事故死者数について」

れません。新車を購入し，登録するにも自賠責保険の加入が必要です。車検制度のない原付バイクにも加入義務があり，未加入または契約期限切れの状態で運転すると，罰則の対象となります。

　人身事故の被害者救済が目的なので，自賠責保険で補償するのは対人賠償責任だけで，物損事故による賠償責任は対象外ですし，ドライバーのけがや運転している自動車の破損なども補償されません。また，支払われる保険金額には上限があり，被害者 1 人あたり，死亡の場合3000万円，けがの場合120万円などとなっています。いわば最低限の補償を提供していると言うべきで，被害者への賠償責任がこの額を超える場合には，後述する任意の自動車保険でカバーするか，あるいは自費で賄うことになります。

　自賠責保険を提供しているのは民間の保険会社ですが，強制保険ということで，どの保険会社で契約しても補償内容や保険料は同じです。ただし，車種による保険料の違いはあります（自家用乗用自動車，軽自動車といったくくりです）。保険料は保険会社に利益も損失も出ないように決められていて，これをノーロス・ノープロフィットの原則と言います。

3 − 2　任意の自動車保険

　自賠責保険は被害者救済のしくみとはいえ，損害賠償額は 1 億円を超えることもあり，これだけでは補償内容が十分とは言えません。補償の範囲も対人賠

【図表 4 −13】 自動車保険加入率の推移

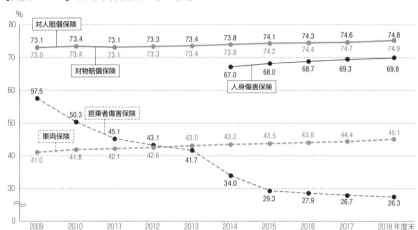

注 ：2013年度以前の人身傷害保険の加入率データはない。
（出所）日本損害保険協会「日本の損害保険　ファクトブック2020」を一部筆者省略

償に限られています。このため，運転者の多くは任意の自動車保険にも加入し，自動車事故や盗難などのリスクに備えています（**図表 4 −13**）。

　任意の自動車保険は「賠償責任リスク」「けがのリスク」「車両損害のリスク」に対する補償を組み合わせたものです。

賠償責任リスクへの補償

　任意保険の対人賠償責任保険は，２階建ての２階部分にあたり，自賠責保険の保険金額の上限を超えた損害賠償を補償します。加入率は約75％（JAなどの自動車共済を含めると88％）と高く，ほとんどの契約者が支払われる保険金額に上限のない「無制限」にしています。もっとも，加入率が88％ということは，自賠責保険にしか入っていない自動車（原付バイクを除く）が１割以上存在していることになります。

　対物賠償責任保険は，自動車事故により相手の財物に損害を与えた際の賠償責任を補償する保険です。物損事故の相手は自動車のこともあれば，建物や道路設備などもあり，なかには高額となる事例もあります。このため，対人賠償責任保険とともに加入率が高く，かつ，ほとんどの契約者が保険金額に上限の

ない「無制限」を選んでいます。

けがのリスクへの補償

　搭乗者傷害保険と人身傷害補償保険があり，いずれも自動車に搭乗中の人が死傷した場合に保険金が支払われる保険です。

　同じく傷害を補償する保険であっても，保険の中身はかなり違います。搭乗者傷害保険では相手からの賠償の有無とは関係なく，死傷した人にあらかじめ決められた額の保険金が支払われます。自動車保険といっても，独立した傷害保険といった存在です。

　これに対し，人身傷害保険では実際に必要な損害額のうち，相手からの損害賠償金として受け取れない部分を支払います。自動車事故では双方に過失があることも多く，被害者であったとしても，相手から支払われる賠償金は過失分を差し引いた金額となってしまいます。しかし，この保険に入っていれば，過失の有無にかかわらず，損害額の全額を受け取ることができます。

車両損害のリスクへの補償

　偶然な事故により自動車が損害を受けた場合に保険金が支払われます。「偶然な事故」は交通事故だけでなく，物の飛来や落下，盗難，台風や洪水なども含みます（ただし，地震，噴火，津波は含まれません。故障も対象外です）。

　車両保険では免責金額を設定するのが一般的です。免責金額とは修理費の自己負担分のことで，例えば，免責を10万円とした場合，修理費が50万円だとしたら，40万円が保険金として支払われます。

　個人向けの自動車保険には「ノンフリート等級制度」があり，これまでの事故（保険金支払い実績）に応じ，契約者ごとに等級を設定し，等級に応じて保険料の割増引が行われています。保険金支払い事故の有無に応じた保険料とすることで，契約者間の保険料負担を公平にするしくみです。契約する保険会社が変わっても，等級は引き継がれます（**図表４−14**）。

　初めての契約者は６等級からスタートして，１年間事故がないと７等級（事故なし）に上がり，保険料は安くなります。事故のない年が続けば８等級，９

【図表 4 −14】 ノンフリート等級制度

等級	1	2	3	4	5	6	7	8	9	10
無事故	64%	28%	12%	-2%	-13%	-19%	-30%	-40%	-43%	-45%
有事故							-20%	-21%	-22%	-23%

等級	11	12	13	14	15	16	17	18	19	20
無事故	-47%	-48%	-49%	-50%	-51%	-52%	-53%	-54%	-55%	-63%
有事故	-25%	-27%	-29%	-31%	-33%	-36%	-38%	-40%	-42%	-44%

（出所）日本損害保険協会サイト「損害保険Q&A」

等級と上がっていきますが，例えば10等級で保険金支払い事故を起こしてしま
うと，翌年の等級は3つ下がり，7等級（事故あり）となり，保険料はかなり
上がります。つまり，保険会社に保険金を請求すると翌年の保険料が上がるの
で，等級制度には事故を抑える効果があると考えられます。

　自動車保険では補償内容や運転者，等級などが同じでも，契約車両によって
保険料が異なります。「型式（かたしき）別料率クラス」というしくみがあり，
自動車の型式ごとの事故実績に基づいて9段階の保険料率を決めています。例
えば，コンパクトカーであれば料率クラスは全体的に小さい（保険料は低い）
のに対し，修理費が高く，盗難の対象にもなりやすい高級車やスポーツカーで
は料率クラスは大きめ（保険料は高い）となります。料率クラスは毎年見直し
が行われています。

　型式別料率クラスもノンフリート等級制度と同様に，リスクの違いを保険料
に反映し，契約者間の保険料負担を公平にするしくみです。

3−3　個人賠償責任保険

　自動車保険ではありませんが，近年，自転車での加害事故への対応として注
目されているのが個人賠償責任保険です。この保険では，日常生活で誤って他
人にけがをさせたり他人の物を壊したりして，損害賠償金や弁護士費用などを
負担した場合の損害を補償します（**図表 4 −15**）。

　ただし，保険料が小さいこともあり，この保険単独で提供されるというより
は，火災保険や傷害保険，自動車保険などにセットで付いていることが多く，

【図表 4 −15】 自転車での加害事故例

判決認容額	事 故 の 概 要
9,521万円	男子小学生（11歳）が夜間，帰宅途中に自転車で走行中，歩道と車道の区別のない道路において歩行中の女性（62歳）と正面衝突。女性は頭蓋骨骨折等の傷害を負い，意識が戻らない状態となった。 （神戸地方裁判所，2013年 7 月 4 日判決）
9,266万円	男子高校生が昼間，自転車横断帯のかなり手前の歩道から車道を斜めに横断し，対向車線を自転車で直進してきた男性会社員（24歳）と衝突。男性会社員に重大な障害（言語機能の喪失等）が残った。 （東京地方裁判所，2008年 6 月 5 日判決）
6,779万円	男性が夕方，ペットボトルを片手に下り坂をスピードを落とさず走行し交差点に進入，横断歩道を横断中の女性（38歳）と衝突。女性は脳挫傷等で 3 日後に死亡した。 （東京地方裁判所，2003年 9 月30日判決）
5,438万円	男性が昼間，信号表示を無視して高速度で交差点に進入，青信号で横断歩道を横断中の女性（55歳）と衝突。女性は頭蓋内損傷等で11日後に死亡した。 （東京地方裁判所，2007年 4 月11日判決）
4,746万円	男性が昼間，赤信号を無視して交差点を直進し，青信号で横断歩道を歩行中の女性（75歳）に衝突。女性は脳挫傷等で 5 日後に死亡した。 （東京地方裁判所，2014年 1 月28日判決）

注　：判決認容額とは，裁判における判決文で加害者が支払いを命じられた金額
（出所）日本損害保険協会「日本の損害保険　ファクトブック2020」

自分がこの補償に加入しているかどうかを確かめる必要があります。クレジットカード会員限定の個人賠償責任保険も知られています。

> ## この章のまとめ
>
> ・保険対象のリスクは「ヒト」「モノ」「カネ」「その他」に分類できる
> ・住まいに関わるリスクは，火災保険と地震保険がその損害を補償する
> ・自動車保険は自動車事故による様々な損害を補償する保険

第 5 章 ヒトに関する保険と企業向けの保険

この章では次のことを学びます

- ・生命保険とはどのような保険なのか
- ・第三分野の保険とは何か
- ・企業向けの保険にはどのようなものがあるか

1 生命保険

1-1 生命保険商品の分類

　ヒトに関する保険の筆頭は生命保険です。保険法では，生命保険契約とは「保険者が人の生存又は死亡に関し一定の保険給付を行うことを約するもの（傷害疾病定額保険契約に該当するものを除く。）」と定義しています。

　人の生存または死亡に関する保険ということで，生命保険には3つのタイプがあります。被保険者が死亡したら保険金が支払われる「**死亡保険**」，被保険者が満期時などに生存していた場合に保険金が支払われる「**生存保険**」，死亡保険と生存保険を組み合わせたもので「**生死混合保険**」です。

　生命保険の分類方法は他にもあります。例えば，保険料の払込方法や払込期間による分類です。払込方法には，保険料を毎月支払う「月払い」，年に1回支払う「年払い」，加入時に一括して支払う「一時払い」などがあり，同じ月払いでも払込期間が保険期間よりも短いものと，保険期間と同じものがあります。契約者配当の有無で分けることもできます。保険料を高めに設定し，剰余が出たら配当として契約者に分配する「有配当保険」と，保険料を安くして，配当の分配をしない「無配当保険」があります。

1-2　主な生命保険商品

ここからは，3つのタイプの生命保険について，それぞれ説明します。

死亡保険

被保険者が死亡した場合に保険金が支払われる保険で，主に万一の際の遺族への補償として活用されます。

死亡保険には定期保険と終身保険があります。定期保険は保険期間が決まっていて，期間中に被保険者が死亡したら死亡保険金が支払われる保険です。満期保険金はなく，期間中に被保険者が死亡しなければ，保険会社から給付を受けることはありません。

定期保険には，**図表5－1**のように，保険期間中の死亡保険金が変わらない定額タイプのほか，保険金額が段階的に減っていく逓減タイプや，保険金額が増えていく逓増タイプがあります。

近年では定期保険の変形として，特定疾病保障定期保険（あるいは三大疾病保障定期保険）も登場しています。通常の定期保険が被保険者の死亡および所定の高度障害を保険事故（保険金が支払われる事象）としているのに対し，特定疾病保障定期保険では特定疾病（がん，急性心筋梗塞，脳卒中）により所定の状態になったとき，生前に死亡保険金と同額の保険金が支払われます。いわば死亡保険金の前払いです。

【図表5－1】定期保険のしくみ

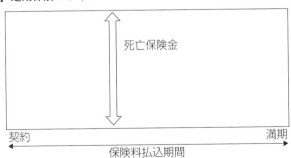

一方，終身保険は保険期間が被保険者の生涯にわたる死亡保険で，被保険者がいつ死亡しても死亡保険金が支払われます（**図表5－2**）。

　終身保険は一般に契約期間が長くなるため，保険会社は将来の保険給付に備えて責任準備金を積み立てます。このため，契約者からすると貯蓄の効果も期待できる保険です。解約時には解約返戻金が支払われます（一定の解約控除がかかることもあります）。

　保険料は金利によって割り引かれているため，金利水準が低いと終身保険の保険料は高くなってしまいます。そこで，一定期間の解約に制限を設けることで保険料を安くした，低解約返戻金型の終身保険も登場しています（**図表5－3**）。

【図表5－2】終身保険のしくみ

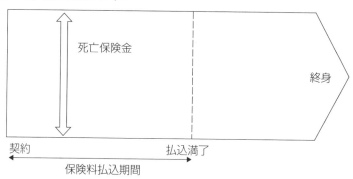

【図表5－3】終身保険（低解約返戻金型）のしくみ

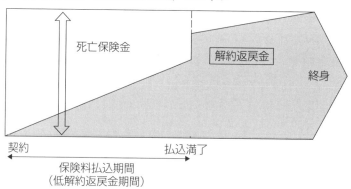

生死混合保険

　死亡保険と，後述する生存保険を組み合わせたもので，養老保険がその典型的な例です。被保険者が保険期間中に死亡したら死亡保険金が支払われ，期間満了まで生存していたら満期保険金が支払われます（**図表5－4**）。

　養老保険は死亡保障機能も貯蓄機能もあり，一見魅力的です。第3章で述べたように，かつては主力商品として生命保険の普及に一役買いました。1980年代後半のバブル期には，高利率の財テク商品として一時払い（保険料を加入時に一括で払う）の養老保険が大人気となり，人々が殺到したこともありました。しかし，高金利時代であっても十分な保障ニーズを満たすのは難しく，金利水準が下がった現在では貯蓄商品としての魅力も期待できません。現在はこの保険を積極的に取り扱っている保険会社は限られています。

【図表5－4】養老保険のしくみ

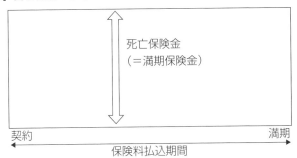

死亡保険金
（＝満期保険金）

契約　　　　　　　　　　　　　　　　満期
保険料払込期間

生存保険

　被保険者が満期時などに生存していた場合に保険金が支払われる保険で，学資保険（こども保険）や個人年金保険が該当します。

　学資保険は子どもの教育資金を積み立てるための保険で，一般には親が契約者，子どもが被保険者となって契約します。満期保険金のほか，子どもの入学時など，あらかじめ定められた時期に生存給付金が支払われるものも多いほか，被保険者（子ども）が死亡したら一定の死亡給付金が支払われるなど，生存保険とは別の保障も付いています。

【図表 5 - 5】個人年金保険のしくみ

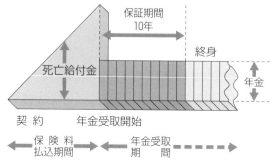

（出所）（公）生命保険文化センターサイト「個人年金保険」

　個人年金保険は老後の生活費に備えた保険で，被保険者が生存していること
を前提に，将来のある時期から年金を受け取ります。**図表 5 - 5**のように前半
と後半に分かれていて，前半部分は年金原資を貯めていく保険料払込期間，後
半部分は年金給付を受ける年金受取期間となっています。

　年金の受取期間や方法にはいくつか種類があります。

　終身年金：年金開始後，被保険者が生存しているかぎり，年金を受け取ること
　　　　　　ができる
　有期年金：年金開始後の一定期間，被保険者が生存しているかぎり，年金を受
　　　　　　け取ることができる
　確定年金：年金開始後の一定期間，被保険者の生死にかかわらず，年金を受け
　　　　　　取ることができる
　夫婦年金：夫婦2人を被保険者として，いずれかが生存しているかぎり，年金
　　　　　　を受け取ることができる

　個人年金保険も純粋な生存保険ではなく，年金開始前に死亡すると，それま
で支払った保険料と同水準の死亡給付金が支払われます。また，確定年金以外
でも，生死に関係なく年金を受け取ることができる保証期間を設けた商品が一
般的です。

1-3 投資性の強い生命保険

これまで紹介した生命保険は基本的に円建てで，将来受け取る保険給付が契約時点で決まっている（生存による受取額の増減を除く）ものでした。投資性の強い生命保険とは，金融市場の変化によって将来受け取る保険給付額が変わる保険で，「変額保険・変額個人年金保険」「外貨建て生命保険」「市場価格調整（MVA）を利用した生命保険」があります。

変額保険・変額個人年金保険は，保険会社が他の保険とは区分した「特別勘定」を使って資産運用を行い，運用実績に応じて保険金などが増減する保険です（ちなみに特別勘定以外の資産を「一般勘定」と言います）。ただし，死亡保険金には最低保証が設けられているのが一般的です（**図表5－6**）。

外貨建て生命保険は，外貨で保険料を支払い，外貨で保険金や解約返戻金を受け取る生命保険で，為替レートの変動により，円換算後の保険金などが増減します。また，市場価格調整（MVA）を利用した生命保険とは，市場金利の変動に応じて解約返戻金の市場価格調整（Market Value Adjustment）を行うしくみを取り入れたもので，金利が上昇すると，解約返戻金が減少します。

これらの商品はいずれも資産運用のリスクを契約者が負うので，高いリターンを期待できる半面，保険給付が見込みよりも減ってしまうこともあるため，投資性の強い生命保険とされています。

【図表5－6】変額保険のしくみ

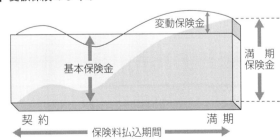

注：満期時に満期保険金が基本保険金を上回った場合
（出所）（公）生命保険文化センターサイト「変額保険」

2 第三分野の保険

2−1　第三分野とは

　生命保険にも損害保険にも分類するのが難しい保険のことで，**図表5−7**のように，保険業法（保険法ではなく，保険業を規制する法律です）では，生命保険業免許でも損害保険業免許でも引き受けることができる保険と示されています（ちなみに第一分野は生命保険，第二分野は損害保険です）。

　保険法では生命保険契約でも損害保険契約でもないものとして，「保険契約のうち，保険者が人の傷害疾病に基づき一定の保険給付を行うことを約するもの」を「傷害疾病定額保険契約」と規定しています。

【図表5−7】保険業法による定義

> 生命保険業免許でも損害保険業免許でも引き受けることができる保険
> （保険業法第3条4項）
>
> 次に掲げる事由に関し，一定額の保険金を支払うこと又はこれらによって生ずることのある当該人の損害をてん補することを約し，保険料を収受する保険
> 　イ　人が疾病にかかったこと。
> 　ロ　傷害を受けたこと又は疾病にかかったことを原因とする人の状態
> 　ハ　傷害を受けたことを直接の原因とする人の死亡
> 　ニ　イ又はロに掲げるものに類するものとして内閣府令で定めるもの（人の死亡を除く。）
> 　ホ　イ，ロ又はニに掲げるものに関し，治療（治療に類する行為として内閣府令で定めるものを含む。）を受けたこと。

2−2　主な第三分野の保険

　具体的な商品としては，「医療保険・がん保険」「介護保険」「傷害保険」「就業不能保障保険」などが挙げられます。生命保険で説明した「特定疾病保障定期保険」も，特定疾病の発生により保険給付を行うところから第三分野とされ

ることもあるようですが，死亡保険金の生前給付でもあるため，本書では生命保険として説明しました。

　以下では，このうち医療保険と傷害保険について紹介します。

医療保険

　医療保険は，被保険者が病気やけがで入院したり，所定の手術を受けたりした場合に保険金・給付金が支払われる保険です。定額給付であり，実際にかかった医療費とは関係なく，「入院１日あたり１万円」「手術をしたら入院給付金の10倍」など，あらかじめ定められた給付金が支払われます。医療保険のうち，保険事故をがんに限定したものが「がん保険」です。

　給付金の使途は決められていないので，公的医療保険ではカバーしていない自己負担分や差額ベッド代，交通費，あるいは治療期間中の収入ダウンなどにあてることができます。

　医療保険は種類が非常に多く，各社が毎年のように新商品を市場に投入しています。**図表５－８**のように，入院給付金や手術給付金には保険期間や給付金額，支払日数，保障対象となる手術，診断一時金の有無など，実にさまざまなバリエーションがありますし，死亡保障や解約返戻金の有無も重要な比較対象です。「引受基準緩和型」「無選択型」と言って，持病があったり高年齢だったりして通常の医療保険に入れない人でも加入できる保険も登場しています（リスクが大きい分，保険料は高くなっています）。

【図表５－８】医療保険のバリエーションの例

```
入院給付金
・「日帰り入院型」「１泊２日型」など
・支払限度日数（１入院で60日，120日など）
・通算支払限度日数（1095日など）
・入院一時金を給付　など

手術給付金
・公的医療保険の対象となる手術を保障するタイプ
・88種類の所定の手術を対象とするタイプ
・上記２つの給付範囲を併用するタイプ　　など
```

傷害保険

　主に損害保険会社で扱っている保険で，被保険者が「急激・偶然・外来の事故」によってけがをした結果，入院・通院したり死亡したりした場合に保険金が支払われるものです。医療保険とはちがい，傷害のみが補償の対象で，病気は補償されません（海外旅行傷害保険では補償されます）。

　傷害保険には，日常生活をカバーする「普通傷害保険」「家族傷害保険」や，交通事故に備える「交通事故傷害保険」「ファミリー交通傷害保険」，旅行中の補償に限定した「国内旅行傷害保険」「海外旅行傷害保険」などがあります。

2－3　実際の提供方法

　第三分野の保険は単品の「医療保険」「がん保険」として提供されるほか，死亡保障を含めた複数の保障をパッケージにして提供されています（主契約と特約，または単品の組み合わせ）。例えば保険ショップでは，複数の保険会社による単品の医療保険が提供されていて，そのなかで自分のニーズに合ったものを購入します。これに対し，営業職員による訪問販売では，コンサルティングを受けながら，各種の保障ラインナップから自分のニーズに合ったものを組み合わせて設計してもらい，加入するのが一般的です（**図表5－9**）。

【**図表5－9**】大手生保の主力商品の例（第一生命保険「ジャスト」）

（設計例）
〇がんや糖尿病といった疾病リスク，および介護，入院費用など幅広い保障に総合的に備えたい場合

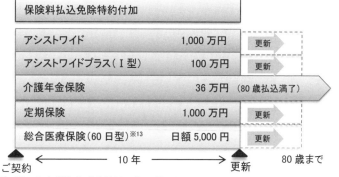

（出所）第一生命保険株式会社2018年3月5日ニュースリリース

2-4　第三分野の市場動向

　第三分野の保険の定義があいまいなこともあり，残念ながら市場規模を正確につかむことはできません。とはいえ，第三分野の保険は少子高齢化が進む日本では成長分野とされ，個人保険の新契約件数に占める医療保険・がん保険の割合は全体の4割弱に達し，保有契約の年換算保険料も着実に増えています（**図表5-10，5-11**）。一見すると生命保険市場に占める割合が落ちているように見えますが，これは一時払いの貯蓄性商品で全体が水膨れしているためです。

【図表5-10】個人保険の種類別新契約件数

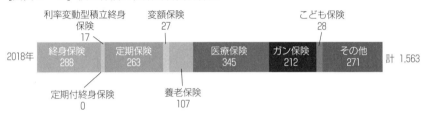

注：転換後契約は含まない新契約ベースの数値
（出所）生命保険協会「生命保険の動向（2019年版）」

【図表5-11】保有契約の年換算保険料

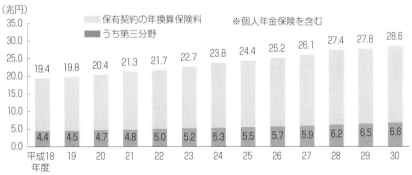

注　：第三分野には，医療保障給付（入院給付，手術給付等），生前給付保障給付（特定疾病給付，介護給付等），保険料払込免除給付（障害を事由とするものは除く。特定疾病罹患，介護等を事由とするものを含む）等に該当する部分の年換算保険料が含まれている
（出所）生命保険協会「生命保険の動向（2019年版）」

保険会社にとって貯蓄性商品の収益性は低く，今後の死亡保障の成長に多く
を期待できないなかで，第三分野は経営を支える重要な保険です。

┌─ **コラム** 　医療保険の存在意義 ───────────────────

　生命保険文化センター「平成30年度 生命保険に関する全国実態調査」による
と，医療保険の世帯加入率は非常に高く，国民に広く普及していることがうかが
えます。

医療保険・医療特約の加入率（かんぽ生命を除く）

(%)

	世帯	世帯主	配偶者
平成30年	88.5	82.5	68.2
平成27年	91.7	85.1	69.6
平成24年	92.4	85.2	70.8
平成21年	92.8	86.6	69.0

　第6章で述べますが，日本では公的医療保険制度が充実しており，民間の保険
会社は制度に直接関わっていません。保険会社が提供する医療保険は社会保障と
は別に，任意に加入するものです。それでは保険会社が提供する医療保険は何を
保障（補償）していて，どのようなニーズに応えたものなのでしょうか。
　医療保険は被保険者が病気やけがで入院したり，所定の手術を受けたりした場
合に保険金・給付金が支払われる保険です。公的医療保険（健康保険）が金銭で
はなく医療サービスを提供する現物給付なのに対し，民間の医療保険は定額給付
が一般的です。

<典型的な医療保険>
　入院給付金 日額○○円
　手術給付金 入院給付金の日額 × 10 倍　など

・近年は診断一時金を受け取るものが増えている
・給付金の使途は決められていない

　つまり，「医療保険」という名前ではあるものの，医療費を保障するものではな
く，病気の際の支出全般を補償する保険であることがわかります。この点を理解
したうえで加入を決める必要があります。

└──────────────────────────────────

3 企業のリスクと保険

3－1 企業向けの保険

　ここまでは身近な存在である個人向けの保険について説明してきました。リスクマネジメントの観点からは企業向けの保険も無視できません。個人向け保険とはちがい，オーダーメイドのものが多いのですが，企業の抱える主なリスクに沿って簡単に整理してみましょう。

財産リスクに対する保険

　企業が保有する財産の損害を補償する保険です。火災に備えた普通火災保険のほか，火災を含めた各種の偶然な事故による損害を補償する企業総合保険，機械設備・装置の事故に備えた機械保険，工事期間中に発生した事故による損害を補償する工事保険など，各種の保険があります。

　なお，地震リスクに対しては，地震拡張担保特約として他の保険の上乗せとして加入するのが一般的です。

事業リスクに対する保険

　事故により生じた直接的な損害ではなく，事故による事業中断に伴う収益減少や臨時的な費用発生などの損害は，火災保険ではカバーされません。こうした間接的な損害を補償する保険として，費用・利益保険があります。2011年に発生したタイの大洪水で多くの日系企業が被災した際，費用・利益保険の一種である構外利益保険が活用されました。

　台風でラグビー・ワールドカップの試合ができなくなったり，新型コロナウイルスの感染拡大で各種イベントが軒並み中止になったりした際，興行中止保険が注目されました。台風は補償対象だったので保険金が支払われた一方で，新型コロナ感染症はカバーされていなかったため，多くの場合，保険金が支払われなかった模様です。

　他に，取引先の債務不履行に備えた取引信用保険などもあります。

賠償責任リスクに対する保険

企業は事業活動のなかでさまざまな賠償責任を負うことがあり，そのリスクに備えた保険が提供されています。

生産物賠償責任保険はPL保険として知られ，企業が製造または販売した商品の欠陥等により損害が生じ，賠償責任が生じた際に補償する保険です。

会社役員賠償責任保険はD&O保険とも言い，会社の役員が業務遂行の結果，会社に損失を与えたとして株主などから訴訟を起こされた場合，確定した賠償額や弁護士費用などを補償する保険です。

他にも医師や公認会計士など専門職向けの賠償責任保険などもあります。

ヒトのリスクに対する保険

生命保険の分野では，団体保険と団体年金保険があります。団体保険は企業（団体）が保険契約者となり，企業の社員を被保険者とする生命保険で，社員の福利厚生の一環として使われています。このうち団体定期保険は，企業の社員が任意で加入する保険期間1年（自動更新付き）の死亡保険です。団体年金保険は団体保険と同じく，企業（団体）が保険契約者となり，企業の社員を被保険者とする年金保険のほか，厚生年金基金など企業年金の資産運用や管理を受託する役割を果たしています。

なお，同じような保険用語に「団体扱い」があります。こちらは保険料の支払方法が所属企業の給与天引きの取り扱いであることを意味しており，個人向けの保険です。

定期保険など個人向けの生命保険のなかには，中小企業経営者のために提供されているものもあります。企業が保険契約者となり，経営者や従業員を被保険者とする保険で，この分野に特化した保険会社もあります。

損害保険の分野では，社会保険の上乗せ補償としての労働災害保険（労災保険）があります。政府の労災保険の補償だけでは足りない部分をカバーするための保険です。

3−2　普及状況

生命保険や個人向け損害保険に比べると，日本では経済規模の割に企業向け

損害保険が普及していません。日本企業のリスクマネジメントに対する意識が必ずしも高いとは言えないことや，海外のような保険ブローカー（企業に代わり保険の手配を行う）が育っていないこと，あるいは，保険会社が企業向け保険の提供に慎重だったことなどが挙げられます。

　ただし，近年では企業向け保険が大半を占める新種保険の収入保険料が，市場全体を上回るペースで伸びているなど，徐々にではありますが変化の兆しも見られます（**図表5－12**）。

【図表5－12】新種保険の収入保険料の推移

（単位：百万円）

	2009/3	2014/3	2019/3
合計（除く積立）	7,248,413	8,079,386	9,100,166
	100.0	111.5	125.5
新種	853,364	1,048,629	1,490,054
	100.0	122.9	174.6
賠償責任	440,181	517,299	607,019
	100.0	117.5	137.9
費用・利益	72,368	207,374	370,191
	100.0	286.6	511.5
労働者災害補償責任	58,363	61,912	161,392
	100.0	106.1	276.5
動産総合	95,327	83,972	131,150
	100.0	88.1	137.6

（出所）日本損害保険協会の統計資料より筆者作成

この章のまとめ

・生命保険は「死亡保険」「生存保険」「生死混合保険」の3タイプ

・第三分野の保険は「医療・がん保険」「介護保険」「傷害保険」など

・企業が抱える多様なリスクに応じたさまざまな保険がある

第6章 保険と関わりが深い諸制度

この章では次のことを学びます

・共済と保険はどこがちがうのか

・デリバティブでリスクヘッジができるのはなぜか

・政府による保険の利用

1　共済（制度共済）

1-1　協同組合とは

　保険会社が提供する保険と類似した保障（補償）のしくみとして，協同組合が提供する「共済」があります。メディアやネット，あるいはポスティング広告などで，「○○共済の充実保障」「月○○円の掛金で総合保障」といったものを目にする機会も多いのではないでしょうか。

　協同組合とは，営利を目的としない，組合員のためのたすけあい・相互扶助の組織です。代表的な協同組合には「農業協同組合（農協またはJA）」「消費生活協同組合（生協）」などがあり，組合員に対して各種の商品・サービスを提供しています（**図表6-1**）。

　協同組合が提供する商品・サービスを利用するには，その組合への出資が必要です。出資金を支払うと組合員として商品・サービスを利用できるだけでなく，組合の運営にも参画することになります。組合運営に関する重要事項は総会や総代会といった，組合員（あるいはその代表）による機関で決議するので，組合員が株式会社における株主にあたると言えるでしょう。

　この協同組合が提供する保障（補償）が共済です。

【図表6−1】 協同組合と株式会社のちがい

	協 同 組 合	株 式 会 社
目 的	組合員への商品・サービス等の提供を通じた組合員利益の増進，協同組合の発展を通じた国民経済の発展	社会への商品・サービス等の提供を通じた企業利益の追求，株主への配当，企業価値の向上
出資者	組合員	株 主
利用者	組合員	不特定
運営主体	組合員	株 主
運営方法	一人1票	一株1票

（出所）日本共済協会「日本の共済事業　ファクトブック2019」

1−2　共済（制度共済）

　共済と保険はどこがちがうのかと聞かれれば，提供する主体がちがうというのが答えです。提供する保障（補償）そのものや，そのために活用する技術は共済も保険も同じであり，共済は協同組織が営む保険事業と言ってもいいでしょう。保険契約についてのルールを定めた法律である保険法（第7章を参照）は，協同組合と組合員の間で締結された共済契約にも適用されます。

　日本共済協会によると，各種協同組合法に基づき共済事業を実施する主な協同組合の組合員数は7千万人を超え，保険会社の保険料にあたる受入共済掛金は7兆円，総資産は66兆円に達しています。保険会社とはちがい，同じ協同組

【図表6−2】 共済の事業規模

	2017年度	2018年度	前年度比
組 合 員 数（万　人）	7,736	7,667	99.1%
契 約 件 数（万　件）	13,825	13,711	99.2%
共済金額〈契約額〉（億円）	8,724,008	8,587,034	98.4%
受入共済掛金（億　円）	67,188	74,849	111.4%
支払共済金（億　円）	42,322	55,727	131.7%
総 資 産（億　円）	666,304	665,678	99.9%

注1：契約件数，共済金額，受入共済掛金は保有契約実績
注2：共済金額（契約額）には，自動車共済・自賠責共済等の実績は含まれない
（出所）日本共済協会「日本の共済事業　ファクトブック2019」

合が生命保険分野（生命共済）と損害保険分野（火災共済，自動車共済など）を同時に提供することも可能です（**図表6－2**）。

コラム **無認可共済問題**

　2005年の保険業法改正まで，保険業法は不特定の者を相手方として保険の引受けを行う保険業を対象としていました。ところが，特別な法律上の根拠なく任意団体等で共済事業を行う「根拠法のない共済」が急増し，なかには連鎖販売取引（個人を販売員として勧誘し，さらにその個人に次の販売員の勧誘をさせる，いわゆるマルチ商法）で加入者を増やしていたり，財務基盤が脆弱とみられたりする事業者もありました。

　そこで，金融庁は保険業法を改正し，根拠法のない共済にも，原則として保険業法の規定を適用するとともに，一定の事業規模の範囲内で少額短期の保険のみの引受けを行う事業者について，登録制等の新たな規制の枠組み（＝少額短期保険業者）を創設しました。

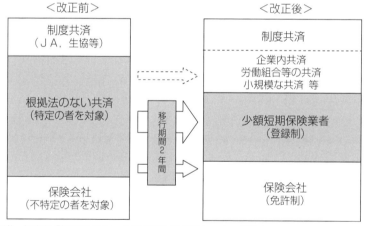

（出所）金融庁「根拠法のない共済の契約者保護ルールの導入」

　ところが，同じ時期に公益法人制度の改革が進み，公益法人が行っていた特定保険業もこの改正の対象となったことなどから，移行期間を過ぎても対応できない団体が多数出てきました。そこで，2010年に再び保険業法を改正し，規制の特例を設け，2005年の保険業法改正時点で事業を行っていた団体にかぎり，当分の間，認可特定保険業者として共済事業を継続して行うことが認められました。

　なお，「当分の間」に具体的な定めはなく，2020年現在も認可特定保険業は存続しています。

なお，同じ「共済」でも，「国家公務員共済組合」「地方公務員共済組合」などの共済組合は，公務員等に対する社会保障制度として年金給付や健康保険などの事業を行っていて，上述の制度共済とは別のものです。

1-3　4大共済

　共済事業を行う協同組合のなかには契約件数が1千万件を超えるなど，大手保険会社に匹敵する規模のところもあります。規模の大きい4つの共済について，簡単に紹介します。

JA共済

　農業協同組合法に基づき，全国のJAと全国共済農業協同組合連合会が一体となって運営する共済事業です。「ひと」「いえ」「くるま」の総合保障が特徴で，生命系・損害系の保障（補償）を幅広く提供しています。生命総合共済の加入件数は2千万件超，自動車共済は約800万件で，とりわけ資産規模は57兆円と共済事業者のなかでも突出した存在です。建物更生共済という，地震を含む自然災害を補償し，貯蓄性のある共済も広く支持されています。

　全国のJAは営農指導事業，販売・購買事業，信用事業とともに共済事業を行っています。事業基盤は農村地域ですが，組合員に占める非農家世帯の割合が高まっています。

こくみん共済 coop

　消費生活協同組合法（生協法）に基づき，全国労働者共済生活協同組合連合会（全労済）が職域および地域の勤労者・生活者を対象に行う共済事業です。生命系・損害系の共済を提供し，契約件数は約2900万件です。

　もともとの事業基盤は職域市場でしたが，1983年に提供を始めた生命系の「こくみん共済」が一般市場に浸透しました。2019年には全労済に代わり，新たなブランドを「こくみん共済coop」としています。

都道府県民共済

　生協法に基づき，全国生活協同組合連合会（全国生協連）が「県民共済」

【図表6-3】「一律保障・一律掛け金」商品の例

〔総合保障2型〕

月掛金			2,000円
保障期間			18歳～60歳
入院	事故	1日目から184日目まで	1日当たり 5,000円
	病気	1日目から124日目まで	1日当たり 4,500円
通院	事故	14日以上90日まで	通院当初から1日当たり 1,500円
後遺障害	交通事故		1級 660万円～13級 26.4万円
	不慮の事故（交通事故をのぞく）		1級 400万円～13級 16万円
死亡・重度障害	交通事故		1,000万円
	不慮の事故（交通事故をのぞく）		800万円
	病気		400万円

（出所）福岡県民共済のサイトより筆者作成

（神奈川県では「全国共済」）として生命共済と火災共済をほぼ全国で提供しています。年齢や性別に関係なく「一律保障・一律掛け金」というシンプルなパッケージ商品が多くの消費者に支持され、共済加入件数は2千万件を超え、共済の代名詞のような存在です（**図表6-3**）。

　協同組合ではありますが、特定の事業基盤はなく、新聞広告や折り込みチラシ、あるいは口コミにより加入者数を増やしてきました。効率経営に徹し、利益の多くを割戻金として加入者に還元することでも知られています。

コープ共済

　生協法に基づき、日本コープ共済生活協同組合連合会が提供する生命共済・火災共済です（火災共済はこくみん共済coopの共済を受託共済として提供）。実質的には日本生活協同組合連合会（日本生協連）と地域の購買生協による事業と言えるでしょう。

　共済の提供は1984年からと4大共済のなかでは最後発ですが、生協の共済として普及活動を進め、加入者数は約900万件となっています。生協の世帯加入率は約4割で、店舗や共同購入のほか、近年は個人宅配が伸びています。

2 デリバティブ

2-1 デリバティブとは

　デリバティブは派生商品とも呼ばれ，現物取引から派生した取引のことを指します。デリバティブの対象となっている現物（原資産）には株式や債券といった金融取引のほか，原油や農産物，貴金属などの商品取引もありますし，「日経平均株価」「3か月物金利」といった原資産が存在しないものも含まれています（「日経平均」という株式はありません）。

　代表的なデリバティブには「先物」「オプション」などがあり，投機やリスクヘッジ（危険回避），あるいは「裁定取引」という，理論値と市場価格のギャップに注目した取引が行われています（**図表6-4**）。

　保険（主に損害保険）では実際に発生した損失をカバーできるのに対し，デリバティブではあらかじめトリガーとなる価格を決めておくため，受け取った金額が実際の損失を下回る（あるいは上回る）リスクもあります。逆に言えば，デリバティブではトリガーとなる価格に達したら，市場が機能しているかぎり速やかに取引を行うことができるので，損害査定が必要な保険よりも迅速に損失をカバーできるという利点があります。

　デリバティブの詳細はファイナンスの教科書で学んでいただくとして，本書では先物とオプションが，保険と同様にリスク移転の手段として活用できることを紹介します。

【図表6-4】デリバティブの種類

先物取引
　・対象となる原資産について，将来のある時点での売買を現時点で行うもの
オプション取引
　・対象となる原資産について，将来のある時点での売買を行う権利を現時点で
　　行うもの
スワップ取引
　・「固定金利と変動金利」など，性質の異なる支払い義務などを交換するもの

2－2　先物取引

　先物取引は，対象となる原資産について，将来のある時点での売買を現時点で行うものです。現時点の価格で先物を買っておけば，将来もし原資産の価格が上がったとしても，高い値段で原資産を買わずにすみます。つまり，先物取引には価格変動に対するリスクヘッジの効果があるのです。

　具体的な事例を見ると，わかりやすいかもしれません。

- 原油 1 リットルの価格が現在15円とした場合，100リットルの価格は1500円です。
- もし 3 か月後に原油価格が30円に値上がりしたら，100リットルの価格は3000円です。
- 原油価格が15円の時点で，原油先物（1 リットル16円だとする）を買っておけば，もし 3 か月後の原油価格が30円に値上がりしても，100リットルを1600円で買うことができます。

　次の事例のように，すでに保有している原資産の価格変動リスクも，先物取引でヘッジすることができます。

- パナソニック株式を1000株持っています。現在の株価が1000円だとしたら，1000株の価値は100万円です。
- もし 3 か月後に株価が800円に値下がりしたら，価値は80万円となり，20万円の損失です。
- 株価が1000円の時点で先物（価格は1000円とする）を売っておけば，もし 3 か月後に株価が800円に値下がりしても，この先物取引では20万円の利益（1000円で売った株式を800円で買うことになる）となり，原資産の損失を穴埋めできます。

2－3　オプション取引

　オプション取引は，対象となる原資産について，将来のある時点での売買を行う権利の売買を現時点で行うものです。権利の取引なので「買う権利」と「売る権利」があります。買う権利をコールオプションと言い，オプションの買い手はオプション料を払って権利を取得することで，将来もし価格が上がっても，上がる前の安い値段（権利行使価格）で原資産を買うことができます。他方，売る権利をプットオプションと言い，オプションの買い手がオプション

料を払って権利を取得すれば，将来もし価格が下がっても，下がる前の高い値段（同）で売ることができます（**図表6－5**）。

　オプションは権利なので，権利を行使する，しないはオプションの買い手の自由です。当然ながらオプションの売り手は，もし買い手から権利を行使されたら，必ず応じる必要があります。

　プットオプションを使えば，すでに保有している原資産の価格変動リスクをヘッジすることができます。具体的な事例を見てみましょう。

・パナソニック株式を1000株持っています。現在の株価が1000円だとしたら，1000株の価値は100万円です。
・もし3か月後に株価が800円に値下がりしたら，価値は80万円となり，20万円の損失です。
・株価が1000円の時点でプットオプション（行使価格1000円）を買っておけば，もし3か月後に株価が800円に値下がりしても，このオプション取引で20万円の利益が出る（1000円で売って800円で買うことができる）ので，原資産の損失を穴埋めできます。

　なお，保険はプットオプションに似ています。保険料を払えば，もし火災で損失が発生しても，発生前の価格で保険金を受け取ることができます。

【図表6－5】プットオプションの買い手の損益

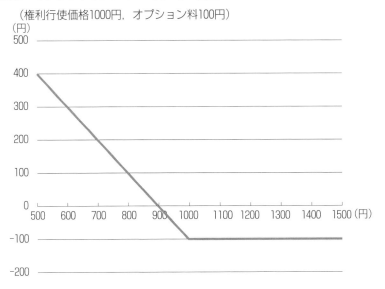

（権利行使価格1000円，オプション料100円）

3　公保険

3－1　公保険と私保険

　公保険とは，国や地方自治体が政策を実現する手段として保険のしくみを利用しているものです。**図表6－6**で示したように，主に経済政策的な観点から行われている「経済政策保険（産業保険）」と，社会政策の目的から保険の技術を使っている「社会保険」があります。これに対し，こうした政策性のない保険を私保険と言います。

　似たような言葉に「公営保険」「私営保険（民営保険）」があります。保険事業の運営主体による分類で，公保険の多くは公営保険です。ただし，第4章で紹介した自賠責保険や地震保険のように，政策的な観点から行われる公保険を，民間の保険会社がノーロス・ノープロフィットの原則のもとで運営しているというものもあります。反対に，民営化する前の簡易生命保険は，政策的な観点から公営保険として運営されていましたが，社会や経済の変化に伴い公保険として実施する必要性が薄れ，現在は私保険かつ民営保険です。

【図表6－6】公保険

```
経済政策保険の例
・貿易保険
・預金保険
・農業保険
・森林保険
・自動車損害賠償責任保険　※民営保険
・地震保険　※民営保険

社会保険
・医療保険
・公的年金
・介護保険
・雇用保険
・労働者災害補償保険
```

3−2　主な経済政策保険

　経済政策保険は産業保険とも言われ，特定の産業を保護・育成したり，経済活動を円滑に行うためには必要だが，民間で提供するのが難しい補償を提供したりしています。いくつかの事例を紹介しましょう。

貿易保険

　日本企業が行う輸出や投融資などの海外取引について，輸出不能リスクや代金回収不能リスクをカバーする保険です。貿易保険法に基づき，政府全額出資の株式会社である日本貿易保険が運営しています。輸出貨物の損害は民間の海上保険（貨物保険）で補償されますが，海外取引に関するリスクに備えるにはこの貿易保険を活用します。

預金保険

　もし金融機関（銀行，信用金庫，信用組合，労働金庫など）が経営破綻した場合，預金者の預金などを保護する保険です。預金保険法に基づき，政府や日本銀行，民間金融機関が共同出資した預金保険機構が運営しています。預金保険によって，1金融機関につき預金者1人あたり元本1000万円までとその利息が保護されています。

農業保険（収入保険）

　かつての農業災害補償法に基づく農業保険を改定し，農業経営全体を対象とした補償制度として2019年に導入されました。農業経営者のセーフティネットであるとともに，自由な経営判断に基づき経営の発展に取り組む農業経営者を育成するねらいもあります。

　こうした特定産業の振興を目的とした公保険には，森林保険もあります。森林保険法に基づき，森林所有者に対し，森林火災や気象災（風害，水害，雪害など），噴火災による損害を補償しています。

3－3　社会保険

　社会保険とは，政府による社会保障制度のなかで，保険のしくみを利用して運営している制度のことです。日本の社会保障制度のうち，「医療」「年金」「介護」「労働（失業・労働災害）」は社会保険方式で運営され，国民皆保険・皆年金を達成しています。他方で，生活保護や障がい者福祉のように，社会保険方式ではなく，税方式で運営されている社会保障制度もあります。

　社会保険の主な財源は加入者や事業主が支払う保険料です（強制保険）。保険料を支払った人に給付を行うため，税方式に比べると，拠出と給付の関係が明確です。保険料を支払わなかった人（いわゆる未納者）は，保障を受けることができません。もっとも，社会保険方式であっても，実際には国や地方自治体の税金も投入されていて，**図表6－7**のように，概ね60％が保険料，40％が税金となっていますので，保険のしくみが成り立っていないというのが現状です（図表にはありませんが，利用者による負担もあります）。

　なお，日本では民間の保険会社は社会保障制度に直接関わっていません（社会保障制度の上乗せとして任意加入の保険を提供）。海外では社会保険制度に民間の保険を活用しているケースもあり，例えばドイツの医療保険制度では，加入者が公的医療保険と民間の医療保険を選んで加入することができますし，米国の医療保険制度は民間の医療保険会社が主な担い手となっています。

【図表6－7】社会保障の財源

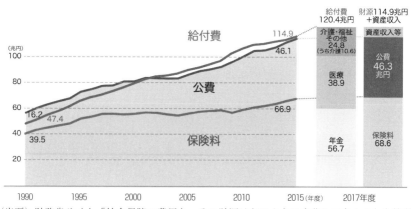

（出所）財務省サイト「社会保障の費用と，その財源はどのように変化してきた？」を筆者一部修正

3－4　医療保険（健康保険）

　社会保険のうち，医療保険と公的年金について補足しておきましょう。
日本の医療保険制度の主な特徴は次のとおりです。

・社会保険方式による国民皆保険

・医療機関を自由に選べる（フリーアクセス）

・保険でカバーされない医療は少ない

・医療費の自己負担は平均１割強

・現物給付方式

　公的な医療保険（健康保険）制度には，健康保険組合が提供する健康保険，
全国健康保険協会が管掌する健康保険（協会けんぽ），国民健康保険，共済組
合の健康保険事業などがあり，国民はいずれかの制度に加入しています。
　日本では保険証さえあれば，どの医療機関でも保険を使った医療サービスを
受けられます。日本医師会によると，イギリスでは登録制をとっていて，患者
ごとに決められた医師にまず受診しなければなりませんし，緊急でない場合は
２，３週間以上待たされることもあるそうです。保険でカバーされない医療は
少なく，美容整形や健康診断，あるいは差額ベッド代など保険対象外の医療
サービスもありますが，治療の有効性・安全性が確認された医療（病気を治す
ためのもの）は保険適用となります。
　自己負担は原則として医療費の３割です。ただし，高額な医療費に対しては
高額療養費制度により自己負担が抑えられています。保険でカバーされる部分
は後から保険金を受け取るのではなく，現物給付なので，高額な医療費を一時
的に立て替える必要もありません。
　こうして見ると，日本の医療保険制度は後述する公的年金や，他の社会保障
制度に比べると，非常に充実しています。この充実した制度は加入者や事業者
が支払う保険料に加え，税金を投入することで成り立っています。

3－5　公的年金

日本の公的年金制度の主な特徴は次のとおりです。

　・社会保険方式による国民皆年金
　・3階建ての構造
　・賦課方式（世代間扶養）
　・年金積立金の存在
　・「老後2000万円問題」

　図表6－8のように，日本の年金制度は3階建ての構造となっていて，国民全員を対象とする国民年金（基礎年金）の上に，民間企業の従業員や公務員等を対象とする厚生年金保険があり，さらにその上に，厚生年金基金や確定拠出年金（企業型）などの企業年金や個人型確定拠出年金iDeCo（イデコ）など，任意加入の私的年金があります。このうち2階部分までが公的年金です。
　公的年金は賦課方式で運営されていて，現役世代が納めた保険料をその時点の年金受給者に支払うしくみです。つまり，現役世代の負担で高齢者世代を支

【図表6－8】年金制度のしくみ

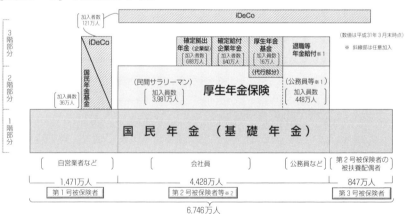

（出所）厚生労働省サイト「公的年金制度の概要」より筆者一部修正

えています。これに対し，民間の保険会社のように，将来の給付に必要な資金をあらかじめ積み立てておくしくみを積立方式と言います。

　賦課方式は人口構造の変化による影響を強く受け，少子高齢化が進んだことで，現役世代の負担が重くなっています。過去に年金の支払いにあてられなかった保険料を年金積立金として蓄えてきた（2019年度末の年金積立金は151兆円）ことや，保険料に加えて税金も投入されていることから，財源がただちに枯渇することはありませんが，年金財政は非常に厳しくなっています。

　2019年に金融庁の報告書「高齢社会における資産形成・管理」が，社会保障給付だけでは高齢夫婦無職世帯の家計収支は老後30年間で2000万円不足するという試算を示したことが話題になりました。この試算はあくまで一定の前提を置いた平均値にすぎません。ただ，公的年金は今後も老後の収入の柱であり続けるとはいえ，自らの望む生活水準と照らして必要となる資金は自ら確保する必要があると言えるでしょう。

この章のまとめ

- ・保障（補償）を提供するためのしくみは共済も保険も同じ
- ・先物やオプションには，保有資産の価格変動リスクを打ち消すリスクヘッジの効果がある
- ・政府は保険のしくみを利用して経済政策や社会保障を実現している

第7章 保険契約者の保護

この章では次のことを学びます

・個人や企業が保険に入るとは，どのようなことなのか
・なぜ契約者の保護が必要とされているのか
・保険販売の実際はどうなっているか

1 保険契約

1−1 保険法と保険業法

個人や企業が保険に入るということは，保険会社と契約を結ぶということです。保険契約を結ぶと，保険会社は保険金を支払う義務が生じますし，保険契約者は保険料を支払う義務が発生します。

保険契約に関する一般的なルールを定めた法律が**保険法**です。2008年に商法の保険契約に関する規定を全面的に見直し，商法から独立した保険法として制定しました（施行は2010年）。契約者を保護するための規定も整備されています。例えば，保険契約の具体的な内容は保険約款（やっかん）に書かれていますが，約款に保険法の規定よりも保険契約者や被保険者，保険金受取人に不利な内容を定めても，その規定は無効となります（片面（へんめん）的強行規定と言います）。

保険契約に関するもう1つの重要な法律が**保険業法**です。現在の保険業法は1995年に全面改正したものです。保険業法の目的は「保険契約者等の保護」であり，保険会社や保険の販売者（保険募集人）を規制することで，保険契約者の保護を図っています（**図表7−1**）。

【図表7－1】保険法と保険業法の概要

【保険法】（2008年制定）	【保険業法】
・<u>契約当事者間における契約ルールについて定めるもの</u>（保険・共済契約に適用） ・<u>保険契約者等の保護を規定</u> 　・契約締結時の告知ルール 　・保険金支払時期の規定 　・片面的強行規定の導入 ・モラルリスクの防止も規定 　・重大な事由があった場合に保険者が契約を解除できる	・<u>保険会社に対する監督について定めるもの</u>（保険会社が対象） ・<u>保険契約者等の保護が目的</u> 　・業者の健全かつ適切な運営 　（保険者の支払能力確保など） 　・公正な保険募集 　（保険募集に関する禁止行為） ・2014年の改正で「情報提供義務」「意向把握義務」を明確化

1－2　保険契約の成立まで

　保険契約は申し込めば，ただちに成立するものではありません。

　例えば生命保険契約では，商品を申し込むとともに，加入者（保険契約者または被保険者になろうとしている人）は自らの健康状態を告知する必要がありますし，死亡保険では医師などによる診査が必要な場合もあります。第1回保険料の払い込み手続きも行います。保険料の払い込み（または口座振替手続き）がなければ契約は成立しません。保険会社による引受審査の結果，告知や診査の内容に問題がないとして加入が承諾され，保険料の払い込みも完了していれば，ようやく保険契約が成立し，保障がスタートします。その後保険会社から契約成立の証拠として保険証券が送られてきます。

　損害保険契約では，加入者が代理店を通して申し込むことが多く，生命保険契約とはちがい，保険会社または代理店が申込書の適正さを確認し，受理した時点で契約が成立します。ただし，申し込みと同時に，加入する保険に関する告知を求められ，過去に事故が多いなどの理由で引き受けを断られることもあります。契約が成立しても，保険料が払い込まれるまでは損害が生じても保険金が支払われませんので，速やかに保険料を支払います。その後保険会社から保険証券が送られてくるのは生命保険契約と同じです。

1－3　告知義務

　保険契約を結ぶ際，加入者は保険会社が求める情報を正しく告知する義務があります。主な内容は**図表7－2**のとおりです。

　第2章で説明した「情報の非対称性」を思い出してみましょう。加入者からの告知がなければ，保険者は加入者の情報がよくわからないので，リスクに応じた保険料を示すことができません。保険料が割高だと考えたリスクの低い加入者は保険に入るのをやめてしまい，リスクの高い加入者だけが残ってしまうという「逆選択」の問題が生じてしまいます。

　告知義務は情報の非対称性により生じる逆選択の問題を軽減し，保険料負担の公平性を確保するために設けられています。故意または重大な過失により事実と異なる告知をしたなど，告知義務に違反した保険契約者に対し，保険会社は契約を解除することができます。

【図表7－2】告知義務の主な内容

生命保険 ・被保険者の健康状態 ・被保険者の傷病歴 ・被保険者の職業 個人向け自動車保険 ・非保険自動車の情報（用途車種，登録番号，使用目的） ・記名被保険者の情報（氏名，免許証の色） ・契約台数 ・前契約の等級，事故の有無 ・重複保険契約 火災保険 ・建物の構造・用法 ・建物の所在地 ・重複保険契約の情報

2 保険契約者の保護

2−1　なぜ契約者保護が必要なのか

　保険業法の目的は保険契約者の保護であり，第1条では次のとおり示されています。

> 「この法律は，保険業の公共性にかんがみ，保険業を行う者の業務の健全かつ適切な運営及び保険募集の公正を確保することにより，保険契約者等の保護を図り，もって国民生活の安定及び国民経済の健全な発展に資することを目的とする」

　保険契約者はなぜ保護されなければならないのでしょうか。市場での自由な取引が成り立つには，対象となる財・サービスが双方に十分理解されている必要があります。ところが，保険は身近な金融サービスではありますが，一定の条件で給付が行われるというもので，各種の組み合わせもあって，通常の財・サービスよりもわかりにくく，複雑なものと言えるでしょう。

　情報の非対称性の説明では，保険会社が保険契約者の情報を知らないという話をしました。反対に，保険契約者も保険会社に比べると保険の知識や情報の面で劣位にあります。例えば，将来の保険金支払いがいくらになるかを正確に知ることはだれもできないので，もしかしたら保険会社は過度に保守的な保険料を設定しているかもしれません。仮に保険の知識や情報の面で保険会社に匹敵する加入者がいたとしても，保険契約の内容は**保険約款**で定められていて，個人向けの場合，交渉する余地はほとんどありません。保険約款を全面的に受け入れるか，あるいは契約をやめるかの二択です（附合契約と言います）。

　加えて，保険の持つ経済的保障（補償）機能や社会保障制度を補完する役割など，保険業法第1条で示されている「保険業の公共性」も，保険契約者の保護が求められる根拠と言えるでしょう。

2−2　保険募集の基本的ルール

　第1条にあるとおり，保険業法では「保険業を行う者の業務の健全かつ適切な運営」と「保険募集の公正を確保」することで，保険契約者の保護を図ろうとしています。その内容は，「保険会社の経営の健全性を確保すること」「保険契約者の利益を守ること」と言いかえることができるでしょう。前者については第12章などで述べますので，本章では保険契約者の利益を守るルールについて見ていきます。

　保険契約者が保険の知識や情報の面で保険会社よりも劣位にあることから，保険業法では保険販売（保険募集）を規制することで，保険契約者の利益を守っています。特に2014年の保険業法改正では，新たな環境に対応するために募集規制を再構築しました。現在の主なルールの概要は**図表7−3**のとおりです。

【図表7−3】保険募集の基本的ルール

- ・保険募集人に対する規制
  - ✓　代理店登録または保険募集人の届出
  - ✓　募集の実態に応じた体制整備義務
- ・不適切な行為の禁止
  - ✓　虚偽の説明の禁止など
- ・意向把握義務
  - ✓　保険募集の際に，顧客ニーズを把握し，当該ニーズに合ったプランを提案し，最終的な確認を実施
- ・情報提供義務
  - ✓　保険募集の際に，商品情報など，顧客が保険加入の適否を判断するのに必要な情報を提供
  - ✓　比較推奨販売を行う場合は比較可能な商品を示し，特定の商品を推奨する理由を説明

2−3　保険販売の実際

　実際の保険販売現場では，これらのルールをどのように適用しているのでしょうか。

　まずは顧客の意向把握を行います。意向把握には3パターンあり，アンケー

【図表 7 - 4】意向把握の例

・Uさん夫妻が保険ショップに来店
　　「もうすぐ子どもが生まれるので生命保険に加入したい」
　　「知人から保険金は5000万円以上が必要と聞いた」

・面談による情報収集
　　Uさん夫妻はともに30代前半で健康状態は良好
　　共働き（退職予定なし）
　　持ち家かつ住宅ローンなし（親から譲受）

・提案の結果，Uさん夫妻の加入意向が変化
　　「保険料負担も考え，保険金2000万円の死亡保障に加入」
　　「同時に就業不能時の保障に加入」

トなどにより顧客の主な意向を把握し，意向に沿った個別プランを提案する「基本型」のほか，営業職員による訪問販売を念頭に置き，顧客属性や生活環境などから意向を推定し，個別プランを提案する「意向推定型」と，ニーズが明らかであることが多い損害保険を念頭に置き，基本型を簡易にした「損保型」があります。

　いずれのパターンでも，顧客の情報を集めて意向を把握し，把握した意向に沿った商品の提案を行います。面談を進めるうちに顧客の意向が変わることもあります。最終的には，契約締結前に顧客の意向と結ぼうとしている保険契約の内容があっているかどうかを確認します（**図表 7 - 4**）。

　保険商品の具体的な内容は保険約款に書かれています。法務省によると，約款とは「大量の同種取引を迅速・効率的に行う等のために作成された定型的な内容の取引条項」で，契約書と同じ効力を持ちます（2019年の民法改正で規定が新設されました）。約款は保険契約のほかにも電力会社の電気供給約款や鉄道会社の運送約款，スマートフォンの契約約款など各方面で使われています。保険約款の主な記載事項は次頁**図表 7 - 5**のとおりです。

　ただし，保険約款の記載は膨大であり，商品提案の際には情報提供として保険約款の説明に代わり，「契約概要」「注意喚起情報」を使って説明します（生命保険では約款の重要事項などを解説した「ご契約のしおり」も使用）。

【図表 7 － 5 】 保険約款の主な記載事項

- ・保険金の支払事由
- ・保険契約の無効原因
- ・保険会社の免責事由
- ・保険会社の義務の範囲を定める方法および履行の時期
- ・保険契約者または被保険者が約款上の義務の不履行によって受ける不利益
- ・保険契約の全部または一部の解除の原因と，その際の当事者の有する権利及び義務

契約概要

　顧客が保険商品の内容を理解するために必要な情報を記載したものです。商品のしくみや保障（補償）の内容，付加できる特約，保険期間，保険金額，保険料・配当金・解約返戻金に関する事項などの記載があります。

注意喚起情報

　顧客に対して注意喚起すべき情報を記載したものです。クーリング・オフ（契約申し込みの撤回）や告知義務の内容，保険金が支払われない主な場合，保険料の払込猶予期間や契約の失効・復活，保険会社が経営破綻した場合のセーフティネットなど，特に注意が必要な事項の記載があります。

2 － 4　　不適切な行為の禁止

　保険業法では保険販売時の意向確認義務や情報提供義務のほか，保険販売における禁止行為を示しています（**図表 7 － 6**）。

　例えば，保険契約者などに保険料の割引や割戻しといった金銭を提供することはできませんし，物品やサービスを提供する場合も特別利益の提供とみなされる場合があります。募集人が契約者に代わって保険料を支払う行為（保険料立替）も不適切な行為にあたります。

　解約すると解約控除として契約者が一定金額を負担することを説明せずに，既存の契約を解約させて新たな契約を勧めるなど，不当な乗り換え募集も禁止されています。2019年に発覚した日本郵政グループの不祥事では，契約の乗り換えに際し，募集人が契約者に対して「一定期間解約はできない」「病歴の告

【図表7－6】不適切な行為（保険業法第300条）

- ・虚偽のことを告げる，または重要な事項を告げない
- ・重要事項について虚偽のことを告げるのを勧める
- ・告知義務違反を勧める
- ・不当な乗り換え募集
- ・保険料の割引など特別な利益の提供
- ・契約内容の違法な比較（誤解させるおそれのある行為）
- ・将来の配当金などについて断定的な判断を示すこと
- ・保険会社のグループ会社などによる特別な利益の提供
- ・保険契約者等の保護に欠けるおそれがあるものとして内閣府令（保険業法施行規則第234条）で定める行為

知があっても加入可能」など事実と異なる説明を行い，契約の重複による保険料の二重払いや無保険期間を発生させたという不適切な行為がありました。

　また，複数の保険会社の商品を販売する代理店が比較説明を行う場合，ある特定の商品の有利な部分のみを説明し，不利な部分を説明しないなど，加入者が誤解するような説明や表示を行うことも禁止行為です。

2－5　保険金不払い問題

　2005年以降，保険会社（生命保険会社および損害保険会社）の不適切な保険金不払いや特約などの支払い漏れ，保険料の取り過ぎが大量に発覚し，社会問題となりました（**図表7－7**）。

【図表7－7】保険金不払い問題

	社数	件数	金額
【生保】保険金の不適切不払い	32	1500	72億円
【生保】特約等の支払漏れ	37	135万	970億円
【損保】第三分野の不適切不払い	21	5760	16億円
【損保】特約等の支払漏れ	26	50万	380億円
【損保】火災保険料等の取り過ぎ	28	153万	371億円

（出所）金融庁「保険金支払について」（2009年4月24日）より筆者作成

当初は個別会社の問題と見られていたものが，調査の結果，不払いや支払い漏れが業界全体で生じていたことがわかり，金融庁は多くの生損保に対し，数次にわたる行政処分を行いました。保険金の不適切な不払いは生命保険会社32社，損害保険会社21社で発覚し，特約などの支払い漏れは生命保険会社37社で135万件，損害保険会社26社で50万件に達しています。損害保険会社では28社で153万件もの火災保険料の取り過ぎも発覚しました。

　不適切な不払いには，例えば，募集人が契約者に不告知等を勧めた（告知義務違反の教唆）にもかかわらず，本来支払うべき保険金を支払っていなかった事例や，保険責任開始以前の発病について，約款上は医師の診断により免責を認定するとしているにもかかわらず，保険会社の職員の判断で本来支払うべき保険金を支払っていなかった事例などがありました。特約などの支払い漏れとしては，診断書に入院と手術の記載があったものの，手術名を見落とした結果，入院給付金は支払ったが，手術給付金を支払っていなかった事例などがありました。

　本来支払うべき保険給付を行わないのは，保険会社による契約不履行です。当時金融庁の現場責任者（監督局保険課長）だった保井俊之氏は著書『保険金不払い問題と日本の保険行政』で，契約不履行を次の３つに分類しています。

・保険金等の不適切不払い
　✓　保険会社が支払うべき保険金等をいわば故意に不払いにしていた。
・支払い漏れ
　✓　事務態勢の不備や不完全な社内チェックにより本来支払うべき保険金等を支払えなかった。
・請求案内漏れ
　✓　契約者等が請求すれば保険金等を支払えるにもかかわらず，保険会社がそのような案内を契約者等に行っていなかった。

なぜこうした大規模な不払い問題が生じたのでしょうか。保険会社の単なる不注意というのではなく，保井氏は次のような背景があると分析しています。

　生命保険会社では，商品をパッケージで提供したにもかかわらず，主契約や複数の特約について，それぞれ別個に請求を求める「別請求主義」が浸透していました。これが多くの支払い漏れにつながりました。募集人の大量脱落（採用した営業職員が短期間で退職する）問題も，顧客の契約内容の変更を現場が適切に把握できない要因となりました。

　損害保険会社では，規制緩和で競争環境が激しくなり，全社組織一体的な管理態勢を適切に整備しないまま，保険商品を販売したことが大きいと指摘しています。特に，医療保険などの第三分野については，支払査定などに十分習熟する前に販売競争を急いだことが大規模な不払い問題につながりました。

　保険金不払い問題は2008年頃には収束し，その後も保険会社は再発防止に努めています。とはいえ，私たちは過去このような事件があったことを知っておくべきでしょう。

2－6　破綻時のセーフティネット

　保険会社による契約不履行には，保険会社の経営が破綻してしまい，期待していた保険給付を受けられなくなるということもあります。2008年に大和生命保険が破綻して以降，幸いにも保険会社の破綻は生じていないので，読者の皆さんにはピンとこないかもしれません。しかし，第13章で説明するように，過去には保険会社の経営が相次いで破綻したこともありました（**図表7－8**）。

　お気づきかもしれませんが，先ほど述べた「注意喚起情報」の説明に，「保険会社が経営破綻した場合のセーフティネット」とありました。保険契約者の利益を守るため，契約している保険会社が破綻しても，保険契約が無価値となり保障（補償）が全く受けられなくなることがないように，保険業法ではセーフティネットを築いています。

　生命保険会社と損害保険会社ではセーフティネットのあり方が異なるので，それぞれについて説明しましょう。

【図表7−8】保険会社の経営破綻事例

1997年	4月	日産生命保険 ・事業規模の急拡大が命取りに
1999年	6月	東邦生命保険 ・トップの不適切な経営
2000年	5月	第一火災海上保険 ・積立型火災保険の逆ざやに苦しむ
	5月	第百生命保険 ・低収益構造が足かせに
	8月	大正生命保険 ・詐欺事件に巻き込まれて破綻
	10月	千代田生命保険 ・わずか2年半の投融資が致命傷に
	10月	協栄生命保険 ・「経営の空白」が破綻を招く
2001年	3月	東京生命保険 ・様々な問題が一気に顕在化
	11月	大成火災海上保険 ・海外再保険取引の失敗
2008年	10月	大和生命保険 ・低収益構造と資産運用の失敗

（出所）植村信保『経営なき破綻　平成生保危機の真実』などから筆者作成

2−7　生命保険のセーフティネット

　生命保険の場合，破綻会社の保険契約を何らかの形で継続するというのが基本的な考えです。これは，生命保険は年齢や健康状態によって新たな保険に入りなおすのが難しいためです。破綻会社の債務超過額がいくらであっても，セーフティネットを担う生命保険契約者保護機構が，将来の保険金支払いに備えて保険会社が積み立てていた責任準備金の90％を補償することになっています。予定利率の高い契約では補償水準がさらに数％下がることもあります（**図表7−9**）。

　ただし，保護されるのは責任準備金であって，将来支払われる保険金ではありません。破綻処理では存続会社が保険契約を継続しやすくするために契約条

件を変更することができるので，処理の結果，将来受け取る保険金が契約当初に想定していたものとは変わることになります。

　過去の事例を見ると，破綻した会社では，予定利率が高かった時代に獲得した貯蓄性の強い保険の契約が経営の重荷となっていました。そこで，いずれの破綻処理でも既契約の予定利率が引き下げられ，なかには将来受け取る保険金が5割以上も削減された契約がありました。責任準備金は予定利率で割り引いて計算しているので，**図表7－9**のように，予定利率が下がると，満期までの期間が長い契約ほど将来受け取る保険金の削減幅が大きくなります。他方で，定期保険（超長期のものを除く）のように責任準備金の積み立てが少ない保障性商品では，責任準備金削減や予定利率引き下げの影響が小さく，万一の際に受け取ることができる保険金はほぼ変わりませんでした。破綻した銀行の預金が預金額の大小にかかわらず，1金融機関につき1000万円まで保護されているのとはちがい，生命保険のセーフティネットでは保険契約によって保護の度合いが異なります。

　加えて，いずれの破綻処理でも数年間の早期解約控除が導入されています。一定期間中に解約すると解約返戻金が削減されるというもので，これも存続会

【図表7－9】　生命保険会社の破綻処理イメージ

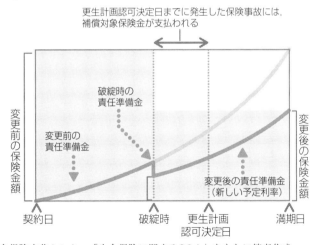

（出所）生命保険文化センター「生命保険に関するQ&A」をもとに筆者作成

社が保険契約を継続しやすくするためですが，破綻生保の加入者に負担を求めるしくみです。

2－8　損害保険のセーフティネット

　損害保険の場合は，個人向けの補償は原則として100％補償し，中小企業を除く企業向けの補償は保護しないという考えに基づいています（ただし自動車保険や疾病・傷害保険は企業向けも保護の対象です）。

　損害保険の保険金を受け取るのは保険契約者とは限りません。例えば自動車事故の加害者として損害賠償責任を負った場合，保険金は被害者に支払われます。生命保険のように責任準備金を補償するしくみでは，例えば1億円の賠償金を求められているのに，保険金が9000万円しか支払われないといった事態になり，保険契約者が残りを負担しなければならず，保険の効果がそがれてしまいます。

　そこで，個人向けの補償（小規模法人・マンション管理組合向けを含む）や自動車保険に関しては，損害保険契約者保護機構が破綻後3か月間に限って保険金を100％補償し，その後は補償水準が80％に下がる制度となっています。生命保険に比べると，損害保険は契約の乗り換えが容易なので，破綻後3か月の間に新たな保険に入りなおすことが求められています。

　ただし，積立型の保険と疾病・傷害保険は原則90％補償で，生命保険会社の破綻処理のように契約条件の変更があり，早期解約控除も設定されます。損害保険のセーフティネットは生命保険よりも複雑なので，保険加入の際などに損害保険契約者保護機構のサイトなどで確認することをおすすめします。

2－9　セーフティネットの財源

　保険会社の破綻時にセーフティネットがきちんと機能して，保険契約者の利益を守るには，財源が必要です。生命保険契約者保護機構，損害保険契約者保護機構ともに会員である生命保険会社，損害保険会社が負担金を拠出しています（全社強制加入）。つまり，破綻した保険会社の契約者を，破綻していない他の保険会社の契約者が支援するしくみと言えます。

　生命保険のセーフティネットでは，保険会社の負担金だけでは対応できない

場合にかぎり，国会審議を経て，公的資金を投入する枠組みが設けられています。ただし，過去に公的資金を使った実績はありません。

> **この章のまとめ**
>
> ・保険に入るとは，保険会社と契約を結ぶということ
> ・保険は通常の財・サービスよりもわかりにくく，かつ，公共性がある
> ・保険募集人には「意向把握義務」「情報提供義務」がある

第 II 部

供給者から見た保険

第 II 部では保険を提供する保険産業を知り,「保険会社はどのようにリスクを引き受けているか」「保険会社の経営破綻をどう防ぐか」などを学びます。

第8章 保険産業の担い手

この章では次のことを学びます

・個人や企業のリスクを保険として引き受けているのは誰か

・保険を販売しているのは保険会社の役職員なのか

・保険会社の経営内容を知るにはどうしたらいいか

1 保険リスク引き受けの担い手

1－1 誰が保険を提供しているのか

　日本における保険産業の規模は決して小さなものではありません。生命保険会社が取り扱う収入保険料の規模は年30兆円を超え，損害保険会社の収入保険料も年10兆円弱に達しています。生命保険の募集従事者（営業職員と代理店使用人数）は約120万人，損害保険の募集従事者数は約200万人です（生命保険と損害保険で重複あり）。

　保険を提供しているのは保険会社であると言ってしまえばそれまでですが，ここでは2つの業務に分けて考えてみましょう。1つは個人や企業のリスクを保険という形で引き受け，保険給付を行う業務です。主に保険会社の本社が担っています（損害調査部門は全国にあります）。もう1つは個人や企業に保険を販売する業務です。保険産業で働く人の多くはこちらに関わっています。

　まず，保険リスクを引き受ける担い手について紹介します。日本では「生命保険会社」「損害保険会社」「少額短期保険事業者」「共済事業者」などがあり，これらに加え，社会保険などを提供する「政府」もリスク引き受けの担い手と言えるでしょう。以下，それぞれについて簡単に説明します。

1－2　生命保険会社

　生命保険会社は人の生存または死亡に関する保険，および人の疾病や傷害に関する保険（第5章で説明した「第三分野の保険」）を提供しています。

　生命保険事業は免許制であり，監督官庁である金融庁から生命保険業免許または外国生命保険業免許を取得しなければ事業ができません。2020年9月現在，免許を取得している生命保険会社は42社です。過去50年間の推移を見ると，外資や異業種からの参入により会社数が徐々に増え，1996年度には規制緩和に伴う損害保険会社による子会社設立で一気に増えました。その後，親会社どうしの合併に伴う減少が生じる一方で，既存の生命保険会社による子会社設立や，新規参入による増加もあり，現在に至っています（**図表8－1**）。

　大手銀行や損害保険会社に比べると，生保は大手による寡占が進んでいません。外資系生保の存在感が大きいのも特徴です。外資系の台頭は2000年前後に経営破綻した中堅生保（いずれも国内系）の受け皿になったことのほか，国内系とは異なるビジネスモデルを採用してきたことが結果として顧客の支持につながり，現在の地位を築いたと考えられます。損保系生保（損害保険会社の子会社）も，会社数は減りましたが健闘しています。

【図表8－1】生命保険会社数の推移

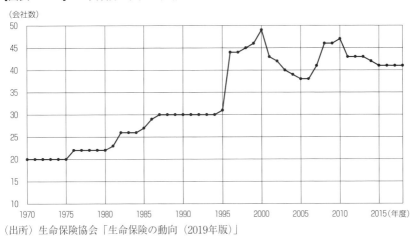

（出所）生命保険協会「生命保険の動向（2019年版）」

1－3　損害保険会社

　損害保険会社は，一定の偶然の事故によって生ずることのある損害をてん補する保険を提供しています。第４章で説明したように，人の生死に関するリスクを保障する生命保険会社に比べると，損害保険会社の取り扱うリスクは多岐にわたっています。生命保険会社と同様に，人の疾病や傷害に関する第三分野の保険の提供も可能です。

　損害保険事業も免許制であり，監督官庁である金融庁から損害保険業免許または外国損害保険業免許を取得しなければなりません。2020年９月現在，免許を取得している損害保険会社は53社あります。

　図表８－２のように，規制緩和が進んだ1990年代後半から2000年代にかけて，大手・中堅損保の合併や経営統合が相次ぎました。その結果，３メガ損保グループ（東京海上グループ，MS&ADグループ，SOMPOグループ）だけで市

【図表８－２】損害保険会社の再編

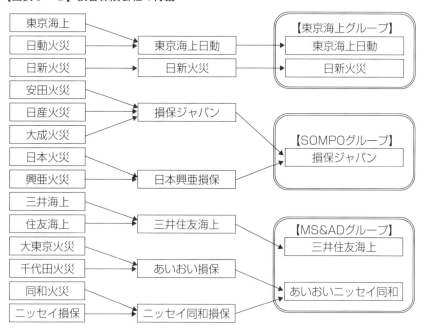

場シェアの8割超を占めています。それでも会社数が53社と多いのは，3グループともに機能・役割の異なる保険会社を複数持っていることや，国内系・外資系ともに，規模が小さく，特定分野に特化した会社が数多く存在するからです。また，このなかには再保険会社も含まれていて，生命再保険を主力とする会社でも，損害保険業の免許を取得することになります。

生命保険業免許と損害保険業免許を同時に取得することは禁止されています。しかし，子会社を設立すれば損害保険会社も子会社経由で生命保険を提供できますし，販売会社として他の生命保険会社の商品を取り扱うことも可能です。

1－4 少額短期保険業者

2005年の保険業法改正で誕生した「少額短期保険業」の制度に基づき設立された会社です。一定事業規模の範囲内において，少額かつ短期の保険の引き受けのみ行うとされ，「ミニ保険会社」と呼ばれることもあります。

この制度ができたのは，当時，監督官庁が存在しない共済事業者の増加が消費者保護の観点から問題視されたという背景がありました（第6章のコラムを参照）。

次頁**図表8－3**のように，少額短期保険業は免許制ではなく，登録制です。2020年12月現在，登録業者数は107社となりました。以前の共済事業者から移行した会社のほか，異業種から新規に参入した会社や，既存の保険会社が出資する会社もあります。全体としては，賃貸入居者向けの補償を提供する会社が多く，ペット保険を提供する会社が続きます。既存の保険会社には見られないユニークな商品も多く，トラブル発生時の弁護士費用を補償する弁護士費用保険，糖尿病患者向けの医療保険，知的障害者向け保険なども見られます。

年間保険料の規模は約1000億円と，生命保険の35兆円，損害保険の8兆円に比べて少額です。ただ，これは1件当たりの保険料が小さいためでもあり，保有契約件数はすでに700万件を超え，成長が続いています。

なお，保険業法の規制の特例として「認可特定保険業」という制度もあります。2006年の公益法人制度改革によって新たに保険業法の規制対象となった公益法人の共済事業者などが，取り扱う商品など業務範囲を広げないことを前提に，当分の間この制度のもとで事業を続けることが可能となっています。

【図表 8 - 3】少額短期保険業者と保険会社のちがい

	少額短期保険業者	保険会社
【参入規制等】 事業開始	財務局への登録制	免許制
最低資本金	1000万円	10億円
生損保の兼営	可能	禁止（子会社方式は可能）
【事業制限等】 年間収受保険料	50億円以下	制限なし
保険期間	生命保険・医療保険 1 年 損害保険 2 年	制限なし
保険金額の上限	制限あり	制限なし
【健全性等】 責任準備金	積立義務あり	積立義務あり
資産運用	預貯金，国債，地方債等	原則自由
支払余力規制	ソルベンシーマージン比率	ソルベンシーマージン比率
保護機構	なし	加入義務あり

（出所）日本少額短期保険協会サイトより筆者作成

1 - 5 共済事業者

　第 6 章で説明したとおり，消費者から見た共済は保険とほぼ同じ役割を果たしており，共済事業者は広い意味で保険引き受けの担い手です。日本共済協会「日本の共済事業 ファクトブック」では15団体の共済を示していますが，共済を実施している協同組合の数となるとさらに大きな数字となります。

　保険会社とのちがいとしては，根拠法と監督官庁のちがいが挙げられます。保険会社が保険業法に基づき事業を運営し，金融庁が監督しているのに対し，例えばJA共済は農業協同組合法，日火連（全日本火災共済協同組合連合会）や交協連（全国トラック交通共済協同組合連合会）は中小企業等協同組合法，こくみん共済coopや都道府県民共済，コープ共済，大学生協の共済（全国大学生協共済生活協同組合連合会）はいずれも消費生活協同組合法に基づき，監督官庁もJA共済は農林水産省，日火連や交協連は経済産業省，生協の共済は厚生労働省と，保険会社とは別の官庁が担っており，一元化されていません。

1−6　会社形態のちがい

　他の産業と比べた保険会社や共済事業者の特徴に，会社形態の多様さを挙げることができます。保険会社には**株式会社**のほか「**相互会社**」という形態があり，共済事業者は協同組合，あるいは協同組合の連合会です。

　相互会社は保険会社のみに設立が認められた会社形態で，株主が存在せず，保険契約者（無配当保険の契約者を除く）を「社員」とする中間法人です。相互会社の保険契約者は契約者としての権利・義務を持つとともに，株式会社の株主のように，社員としての権利もあります。意思決定機関は総代会です。社員のなかから選ばれた総代から構成され，定款の変更，剰余（利益）の処分，取締役・監査役の選任などの審議と決議を行います。

　株式会社は営利を目的とする法人であり，事業で得られた利益を株主と保険契約者でどう配分するかが問題となります。相互会社には株主がいないので，利益（剰余）を配当として還元する相手は社員である契約者だけです。他方で，相互会社には株主による経営への規律付けがありませんし，社員であれば誰でも総代になれるわけではありませんので，コーポレート・ガバナンスの面で構造的な弱点を抱えているとも言えます（**図表8−4**）。

　改正保険業法が施行された1996年の時点では，相互会社形態の生命保険会社が15社，損害保険会社が2社ありました。しかし，株式会社に転換したり（大同生命，太陽生命，第一生命，共栄火災など），経営破綻によって消滅または存続会社が株式会社になったり（日産生命，東邦生命，千代田生命など），相互会社どうしが合併したり（明治生命と安田生命）した結果，現在も相互会社形態をとる生命保険会社は5社となり，損害保険会社はなくなりました。

【図表8−4】相互会社と株式会社のちがい

	相互会社	株式会社
性質	保険業法に基づき設立された中間法人	会社法に基づいて設立された営利法人
資本	基金（基金拠出者が拠出）	資本金（株主が出資）
構成員	社員＝保険契約者	株主
意思決定機関	社員総会（総代会）	株主総会

2　誰が保険を販売しているのか

2－1　生命保険の販売

　保険リスクを引き受ける担い手が保険会社（共済事業者を含む）であるのに対し，保険を販売するのは保険会社の役職員とは限りません。

　生命保険文化センター「生命保険に関する全国実態調査」によると，生命保険の販売チャネル（販売経路）のうち，最もシェアが大きいのは生命保険会社の営業職員による対面販売です。直近5年間に生命保険に加入した人の5割強が家庭や職場を訪問してくる営業職員から保険に入っています（**図表8－5**）。

　次に大きいのは代理店（金融機関を除く）です。代理店は保険会社と委託契約を結んだ独立の主体で，特定の保険会社の商品しか取り扱わない専属代理店と，複数の保険会社の商品を取り扱う乗合代理店があります。生命保険会社のなかには自前の販売網を持たず，代理店に商品を供給し，自らはメーカーとし

【図表8－5】生命保険の加入チャネル

	生命保険会社の営業職員	家庭に来る営業職員	職場に来る営業職員	通信販売	インターネットを通じて	テレビ・新聞・雑誌などを通じて	生命保険会社の窓口	郵便局の窓口や営業職員	銀行・証券会社を通して	銀行を通して	都市銀行の窓口や銀行員（ゆうちょ銀行を含む）	地方銀行、信用金庫・信用組合の窓口や銀行員	信託銀行の窓口や銀行員	証券会社の窓口や営業職員	保険代理店の窓口や営業職員	保険代理店（金融機関を除く）の窓口や営業職員	保険代理店（金融機関を除く保険ショップ等）の窓口	勤め先や労働組合等を通じて	その他	不明
平成30年調査（平成25～30年に加入）	53.7	43.2	10.5	6.5	3.3	3.3	2.9	4.2	5.4	4.9	2.7	1.8	0.4	0.5	17.8	7.8	9.9	3.4	5.6	0.6
平成27年調査（平成22～27年に加入）	59.4	47.5	12.0	5.6	2.2	3.4	3.1	3.0	5.5	5.3	2.3	2.7	0.3	0.2	13.7	4.7	9.0	4.8	4.1	0.7
平成24年調査（平成19～24年に加入）	60.2	53.0	15.2	8.8	4.5	4.3	2.5	2.1	4.3	4.2	1.9	2.3	0.1	0.1	6.9	—	—	3.2	3.2	0.8
平成21年調査（平成16～21年に加入）	68.1	52.5	15.7	8.7	2.9	5.7	1.9	2.9	2.6	2.6	1.1	1.1	0.0	0.0	6.4	—	—	3.0	4.9	1.3
平成18年調査（平成13～18年に加入）	66.3	51.0	15.3	9.1	1.8	7.3	2.1	—	3.3	3.1	1.2	1.7	0.2	0.2	7.0	—	—	5.2	6.1	0.9

（出所）生命保険文化センター「平成30年度　生命保険に関する全国実態調査」

ての役割に集中するところもありますし，損害保険会社の生保子会社による主
要な販売戦略は，損保を中心に販売していた代理店によるクロスセル（損害保
険の顧客に生命保険を提供）です。

　他方，銀行や証券会社など金融機関による販売シェアはそれほど大きくない
ように見えます。ただし，金融機関が主に取り扱っているのは一時払いの貯蓄
性商品なので，1件あたりの保険料規模が大きいのが特徴です。

　インターネットやメディアの広告を使った通信販売もあります。自動車保険
のダイレクト販売に比べると，まだまだ普及したとは言えない状況です。

　なお，この図表は「かんぽ生命を除く」となっています。かんぽ生命は主に
郵便局を通じて自社の商品を提供しています。

2－2　損害保険の販売

　生命保険が保険会社の営業職員を中心に販売されてきたのに対し，損害保険
は以前から代理店による販売が圧倒的なシェアを占めています。日本損害保険
協会によると，元受正味保険料のうち代理店扱いが9割以上を占め，この10年
間で大きな変化は見られません（**図表8－6**）。

　専属と乗合があるのは生命保険と同様で，店数としては専属代理店が全体の
8割弱を占めているものの，取り扱う保険料は約35％と逆転しています。

　保険専業の代理店のほか，他に本業を持つ代理店（副業代理店）が多いのも
特徴です。数として多いのは自動車関連業（自動車販売店，自動車整備工場）

【図表8－6】損害保険の加入チャネル

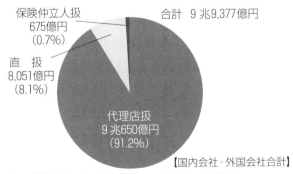

（出所）日本損害保険協会「日本の損害保険ファクトブック2020」

で，代理店数の5割超を占めていますが，小規模な代理店が多く，損害保険会社の保険料に占める割合はそこまで大きくないとみられます。

　自動車保険のダイレクト販売など，非対面の販売は「直扱」に含まれています。自動車保険に占めるダイレクト販売のシェアは1割弱にすぎませんが，シェアは徐々に高まっています。

　保険仲立人（保険ブローカー）についても説明しておきましょう。1995年の保険業法改正で導入された，日本では比較的新しい制度です。代理店が保険会社の委託を受け，文字通り保険会社の代理として保険を提供しているのに対し，保険ブローカーは保険会社から独立した存在で，顧客から委託を受けて保険を手配します（ベストアドバイス義務があります）。

　日本での販売シェアは非常に小さく，保険仲立人として登録している会社の数は53社にとどまっています（2020年6月時点）。しかし，海外では保険ブローカーが重要な地位を占める保険市場も多く，マーシュ・アンド・マクレナン，エーオンといった世界的に活動し，保険会社に対して強い交渉力を持つ保険ブローカーも存在しています（**図表8－7**）。

【図表8－7】保険仲立人と代理店のちがい

3 保険会社の経営組織

3－1 保険会社の主な経営組織

多くの保険会社には本社と支社（損害保険会社では「本店」「支店」であることが多い）があり，メーカーとしての役割は主に本社で行い，保険販売に関する役割は本社と支社が担っています。

図表8－8のように，保険会社ならではの部門も見られます。例えば，全国展開している損害保険会社には，全国に損害調査部門の拠点があります（名称は「損害サービス部」「保険金サービス部」「損害サポート部」など）。保険契約者の事故対応を行う部門で，被害の状況を確認し，保険金を支払い，必要に応じて契約者に代わり被害者との示談交渉も行います。一般の職員のほか，アジャスターという保険事故の損害調査業務の専門職も在籍しています。

危険選択（アンダーライティング）部門も保険会社固有のものです。保険会社は保険事故の発生率を安定させ，かつ，契約者による保険料負担の公平さを確保するため，引き受けのコントロールを行っています。生命保険会社には医師や生命保険面接士が在籍し，被保険者の健康状態を確認していますし，損害保険会社で大規模物件を引き受ける際には，現地調査をはじめ，複数の部署による慎重なリスク評価を行い，引き受けの可否を判断しています。

【図表8－8】 保険会社の主な部門

- ・営業部門（個人向け，法人向け）
- ・危険選択（アンダーライティング）部門
- ・損害調査部門【主に損保】
- ・商品開発部門
- ・資産運用部門
- ・経営管理部門（企画，経理・数理，人事，総務など）
- ・リスク管理部門
- ・事務・システム部門
- ・内部監査部門

3－2　ディスクロージャー誌

　保険会社の経営組織のほか，保険会社の経営内容について知りたいと思ったら，毎年各社が作成するディスクロージャー誌（「アニュアルレポート」「統合報告書」という名称のところもあります）を見るのがいいでしょう。

　ディスクロージャー誌は保険会社の経営内容に関する情報を一般に示したもので，保険業法第111条で作成・公表が義務付けられています。保険会社のサイトからアクセスできますので，自分が契約している保険会社や関心のある保険会社のディスクロージャー誌を確認してみたらいかがでしょうか。ただし，少額短期保険事業者のなかにはサイトからディスクロージャー誌にアクセスできないところもあります（**図表8－9**）。

> 保険会社は，事業年度ごとに，業務及び財産の状況に関する事項として内閣府令で定めるものを記載した説明書類を作成し，本店又は主たる事務所及び支店又は従たる事務所その他これらに準ずる場所として内閣府令で定める場所に備え置き，公衆の縦覧に供しなければならない。
>
> （保険業法第111条）

【図表8－9】ディスクロージャー誌の主な内容

- ・会社の概要
  - ・沿革，組織，役職員の状況など
- ・業務の内容
  - ・経営方針，商品，各種サービスなど
- ・経営管理体制
- ・経営に関するデータ
  - ・契約動向
  - ・計算書類
  - ・資産と負債の内訳
  - ・収支状況
  - ・健全性の指標　など

　例えば「第一生命アニュアルレポート2020」の「1．会社概要」には会社組

織図が掲載されていて，第一生命保険には98の支社・営業支社，1260の営業オフィスがあると示されています（同レポート28頁に記載。以下頁記載は同レポート上の頁になります）。

30頁の (9)主要株主の状況を見ると「第一生命ホールディングス株式会社」とあり，所有株式の割合は100％です（29頁の(8)株式の状況でも確認できます）。第一生命保険は日本初の相互会社として誕生した生命保険会社だったのですが，2010年に株式会社化と東京証券取引所への上場を果たし，現在は株式会社形態であり，かつ，持株会社の傘下にあるとわかります。

3－3　データ編を活用しよう

ディスクロージャー誌からわかることはたくさんありますが，保険会社を理解するには経営に関する財務情報の活用が不可欠です。データ編には計算書類（財務諸表）だけでなく，「契約動向」「資産と負債の内訳」「収支状況」「健全性の指標」などが掲載され，有価証券報告書を作成していない多くの保険会社の経営内容を分析することが可能です。生命保険協会および日本損害保険協会で開示基準を作成しているので，概ねどの会社でも同じ項目のデータを見ることができます。

引き続き「第一生命アニュアルレポート2020」で確認してみましょう。

近年の主な経営指標の動きをざっとつかむには，直近５期分の主要指標を掲載した表があります（63頁）。第一生命の資産規模は横ばい，あるいは微増ですが，個人保険の保有契約高は大きく減っています。もっとも，年換算保険料はそれほど減っておらず，契約の中身が変わりつつあるのでしょう。

108頁からは資産（一般勘定）の情報が載っています。資産に占める構成比が44％と最も大きい公社債（国内のみ）の内訳を見ると，国債が86％を占め，かつ，残存期間10年超の公社債が77％を占めています。生命保険会社の保険負債は超長期におよぶので，それに見合う資産として超長期国債を積極的に購入してきたことがわかります（次頁**図表8－10**）。

公社債に次いで構成比が大きい資産は外国証券です。外国証券のなかには円建てのものもあるので，為替リスクのある資産ということで外貨建資産も公表されています。このうち第一生命が為替リスクをどの程度ヘッジしているかを

【図表 8 −10】 有価証券残存期間別残高（第一生命）

（単位：百万円，％）

区分	1 年以下	1 年超 3 年以下	3 年超 5 年以下	5 年超 7 年以下	7 年超 10 年以下	10 年超	合計
国債	74,467	22,774	250,094	734,136	1,504,395	11,113,036	13,698,904
地方債	23,981	4,267	4,820	17,769	2,913	75,680	129,433
社債	95,622	163,504	227,448	227,484	179,534	1,148,909	2,042,503
公社債合計	194,070	190,545	482,362	979,389	1,686,842	12,337,625	15,870,840
構成比	1.2%	1.2%	3.0%	6.2%	10.6%	77.7%	100.0%

注：各数字は四捨五入しているため，合計は合わない
（出所）第一生命保険「アニュアルレポート2020」より筆者作成

つかむには，「デリバティブ取引の時価情報」（122〜128頁）を使って確認できます（2020年3月末時点では外貨建資産の約8割をヘッジ）。

　負債の大半を占める責任準備金の情報もあります（131〜132頁）。「責任準備金明細表」によると，一般勘定の責任準備金のうち，個人保険が約6割，個人年金保険と団体年金保険がそれぞれ2割前後を占めています。個人保険・個人年金保険では契約年度別の残高も示されていて，1980年代から90年代半ばまでの高予定利率契約がかなり残っていることがわかります（**図表8−11**）。

【図表 8 −11】 契約年度別の責任準備金残高（第一生命）

（単位：百万円，％）

契約年度	2019年度末	構成比	予定利率
〜1980年度	565,820	2.5%	2.75%〜5.50%
1981年度〜1985年度	1,098,107	4.8%	2.75%〜5.50%
1986年度〜1990年度	4,331,989	18.9%	2.75%〜5.50%
1991年度〜1995年度	4,018,926	17.5%	2.75%〜5.50%
1996年度〜2000年度	1,431,383	6.2%	2.00%〜2.75%
2001年度〜2005年度	1,498,915	6.5%	1.50%
2006年度〜2010年度	2,675,261	11.7%	1.50%
2011年度〜2015年度	4,700,871	20.5%	1.00%〜1.50%
2016年度〜2019年度	2,638,437	11.5%	0.25%〜1.00%
合計	22,959,709	100.0%	

注：各数字は四捨五入しているため，合計は合わない
（出所）第一生命保険「アニュアルレポート2020」より筆者作成

経営の健全性を示す指標も載っています。第12章で説明する「ソルベンシー・マージン比率」については，「保険金等の支払能力の充実の状況」（134～136頁）として，比率だけではなく，分子のソルベンシー・マージン総額（支払余力），分母のリスクの合計額それぞれの内訳も示されています。

　ディスクロージャー誌の経営データが十分な内容かと言えば，必ずしもそうではありません。特に生命保険会社については，保険会社や保険会社を取り巻く外部環境の変化に開示内容が追いついていないと感じます。

　例えば，第一生命では残存期間10年超の公社債が77％を占めていると紹介しましたが，国内系生保の多くは同じような状況です。ところがこの図表はずっと「10年超」というくくりなので，さらなる内訳がなければ，実態がよくわかりません（第一生命は投資家向け情報で内訳を公表しています）。また，外貨建て保険の販売が増えているにもかかわらず，ディスクロージャー誌には外貨建ての責任準備金に関する情報がありません。いくら外貨建資産の状況を示しても，負債の情報がなければ，その会社がどのようなALM（資産・負債の総合管理）を行っているか全くわかりません。

　とはいえ，契約者をはじめ，外部ステークホルダーにとって有用な情報が掲載されていますので，ディスクロージャー誌を積極的に活用しましょう。

この章のまとめ

・免許を受けた保険会社（一部の事業者は登録制）が保険リスクを引き受け
・保険会社のほか，様々な業態の代理店・保険ブローカーが保険を販売
・保険会社の経営内容は「ディスクロージャー誌」で公表されている

第9章 保険リスクの引き受け

この章では次のことを学びます

- ・保険会社は保険料をどのように設定しているか
- ・保険会社が保険料以外に工夫していることは何か
- ・「責任準備金」「支払備金」とは何か

1 契約時の対応

1−1 保険料の設定

　第2章では保険のしくみを学びました。保険が成り立つためには保険会社が集めた保険料の総額と，保険会社が支払った保険給付の総額が等しくなる必要があることや，実務上，保険料を算出するために考慮している4つの要素（保険料の前払い，貨幣の時間価値の考慮，平準保険料の採用，付加保険料の設定）を説明しました。

　これらに加え，保険会社が将来の保険金支払いをより確実なものとするために行っていることは，保険料の設定に限っても，いくつかあります。

　まず，生命保険や第三分野の保険では，保険会社は観測された死亡率や発生率をそのまま使うのではなく，安全割増を加味した死亡率や発生率を使って保険料を計算しています。大数の法則を活用していても，インフルエンザの流行などにより単年度の死亡率や発生率は変動しますし，単年度だけでなく，中長期のトレンドが見られることもあります（死亡率の改善トレンドなど）ので，長期の保険では収支が均衡する保険料を集めるだけでは不十分です。そこで保険会社は保守的に将来の死亡率や発生率（予定死亡率・予定発生率）を設定し，

保険料を決めています。

　なお，予定死亡率・予定発生率を保守的に設定しているので，通常であれば実際の死亡率や発生率は予定を下回り，差益が生じます（死差益または危険差益と言います）。有配当契約であれば，保険会社は差益の一部を配当として契約者に還元しています。

　次に，損害保険のように保険期間が1年ならば，安全割増を付けなくても，保険料が不足するようであれば，翌年の契約更改時に保険料を見直すことが可能です。保険料見直しの前後で契約者の多くが入れ替わってしまうと，この対応は意味をなしませんが，更改率が高ければ（例えば大手損保の自動車保険の更改率は90％超です），前年の経験を翌年に生かすことができます。

　リスクのちがいに応じて保険料をきめ細かく設定するという方法もあります。第4章で個人向け自動車保険のノンフリート等級制度について説明しました。契約者ごとに等級を設定し，等級に応じて保険料の割増引を行うことで，制度としてリスクに応じた保険料を実現しています。さらに自動車保険では，「年齢」「性別」「運転歴」「車の使用目的」「使用状況（年間走行距離など）」「地域」「車種」「安全装置の有無」「所有台数」の9つのリスク要因をもとに保険料に差をつけることが法律上可能です（**図表9-1**）。

　生命保険でも喫煙の有無や健康状態により保険料に差をつける商品が提供さ

【図表9-1】　年齢層別免許保有者10万人当たり交通事故件数（2019年）

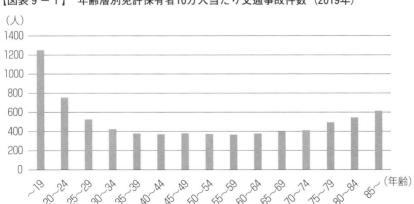

（出所）警察庁交通局「交通事故の発生状況（統計表）」より筆者作成

れています。さらに一歩進んで，契約後の健康状態や健康増進への取り組みによって保険料の割引や還元がある「健康増進型保険」も登場しています。

1－2　保険料以外の工夫

　将来の保険金支払いをより確実なものとするために保険会社が行っていることとして，危険選択（アンダーライティング）があります。

　第2章で情報の非対称性による問題として，契約前の「逆選択」と契約後の「モラルハザード」を説明しました。逆選択は保険会社が契約者の情報をよく知らないために生じる問題なので，保険会社は被保険者の健康状態や被保険自動車に関する情報など，引き受け判断のための情報を契約者に告知してもらい（告知義務の説明は第7章です），必要に応じて医的診査や対象物件の現地調査を行ったり，被保険者と保険金受取人の関係を調べたりして，引き受けの可否を判断しています（保険料に反映させることもあります）。

　契約後のモラルハザードを避けるには，保険会社が契約者（被保険者）の行動を常にモニタリングすればいいのかもしれませんが，コストや社会規範の面などから，あまり現実的ではありません。そこで，例えば免責金額を設定し，リスクの一部を契約者に分担してもらうというやり方が採用されています。車両保険で免責10万円として契約を結べば，10万円までの損害は保険でカバーされませんので，契約者は自己負担を避けるため，事故を起こさないように気を付けるでしょう。

　自動車保険のノンフリート等級制度や健康状態などによる割引・割増も，モラルハザードの発生を防ぐ効果が期待できます。事故を起こしたり，禁煙をやめてしまったりすると，翌年の保険料が上がってしまうので，保険会社が常に契約者の行動を監視しなくても，割引・割増の存在が，保険リスクを抑える行動を契約者に促すことになるのです。

　もっとも，先ほど触れた健康増進型保険では，保険会社が被保険者の健康関連データを継続して入手します。ドライブレコーダーを活用した自動車保険も登場していますし，保険会社が契約者の情報を知らないという問題は徐々に軽減される方向にあるのかもしれません。

1－3　会社全体としてのリスク軽減活動

　第2章に出てきたリスク・プーリングは事故発生率のばらつきを減らす取り組みですし，複数の保険を組み合わせて提供する（リスク・ポートフォリオ）こともリスク軽減につながる経営活動です。

　リスク・プーリング，つまり，同質のリスクを持つ契約者（被保険者）を大量に集めることで，保険事故の発生率は安定します。実際，保有契約の規模の大きい保険会社に比べると，規模の小さい会社のほうが大数の法則が働きにくく，発生率の変動が大きいそうです。

　ただし，リスク・プーリングでは，個々のリスクが独立して生じることが前提です。例えば被保険者や対象物件が特定地域に集中していると，発生率が安定しているように見えても，別のリスク（集積リスク）を抱えているということになりかねません。

　他方，リスク・ポートフォリオは，株式投資家が複数の株式を購入することでリスクを小さくできるという「ポートフォリオ理論」と全く同じです。事例としては，長期の死亡保障と長期の医療保障（入院給付・手術給付など）の組み合わせがわかりやすいでしょう。保有契約の被保険者が全体として長生きすれば，死亡保障の保険給付は少なくなり，医療保障の保険給付は多くなります。反対に，亡くなる人が多ければ，死亡保障の保険給付は増えますが，医療保障の保険給付は減ります。このように，死亡保障と医療保障は死亡率（生存率）について対称の関係にあるので，会社として両者を組み合わせて提供すれば，保険会社はリスクを減らすことができます。

　大手損害保険会社による海外保険市場への進出も，リスク・ポートフォリオによるリスク軽減効果が期待できます。日本の自然災害リスクだけを引き受けている会社と，日本，北米，欧州の自然災害リスクを引き受けている会社を比べると，責任額が同じであれば，後者のほうがリスクは小さくなります。新型コロナウィルス感染症とはちがい，地震や風水災はそれぞれの地域で独立して生じると考えられるためです。

1－4　再保険の活用

　ここまでは保険会社が全てのリスクを引き受けることを前提にしてきましたが，究極のリスク軽減策はリスクを引き受けないことです（第1章のリスクマネジメントを思い出してください）。保険会社はリスクの引き受けを本業にしているとはいえ，危険選択の結果，管理が難しいと考える契約の引き受けを拒絶することもあります。

　顧客のリスクを引き受けるとしても，そのまま丸抱えするのではなく，外部にリスクを出してしまうこともあり，**再保険**はその代表的な手法です。

　保険会社にとって管理が難しい保険引き受けリスクとは，過去データが少ないものや事故発生の確率分布がよくわからないもの，地理的・種目的な分散を図りにくいもの，あるいは，1事故あたりの損害額が大きく，もし事故が起きると経営体力を損ないかねないものなどです。地震や台風などの自然災害やパンデミックのリスクがそうですし，航空事故のように保険金支払いが高額となるものも該当します。

　保険会社はこうしたリスクを自社だけで抱えるのではなく，**図表9－2**のように引き受けたリスクの一部を他の保険会社に出再し，自らが管理したいと考えるリスクのみ引き受けています。保険会社どうしの保険契約を再保険と言い，再保険取引を専門で行う「再保険会社」も存在しています。

【図表9－2】再保険のしくみ

【図表9－3】大規模災害の再保険活用イメージ

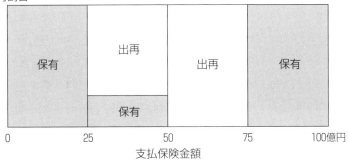

損害保険会社が活用している再保険には，大きく分けて，対象物件ごとに再保険を設定する場合（実際には再保険を手当てできることを前提に元受契約を引き受けます）と，保有する契約全体について，リスクが顕在した際に想定される支払見込額を認識したうえで，再保険を設定する場合があります。特に後者の場合，支払見込額を100％カバーするような出再を行うことはなく，事故の発生頻度や出再コスト，自らの支払余力（広義の資本）を考慮したうえで，再保険スキームを設定します。再保険取引はプロどうしの相対契約なので，交渉によって契約内容を自由に決めることができます。

例えば**図表9－3**のように支払見込額が100億円だとして，そのすべてを出再してしまっては，保険会社として利益を得ることができません。そこで，図表の保険会社は，発生頻度が大きく出再コストが高い部分（図表では25億円までの部分）と，発生頻度が小さい部分（図表では75～100億円の部分）のリスクを自社で抱えることにして，一定の発生可能性があり，支払見込額もそれなりに大きい部分だけを出再しています。図表では25～50億円の一部も保有していますが，出再コスト削減などのため，こうした再保険も使います。

2018年度に発生した自然災害による損害保険会社の保険金支払額は1兆円を上回り，過去最高額となりました。しかし，再保険を活用していたことで，各社の実質的な支払額は半分程度に収まった模様です。

2　契約後の対応

2－1　責任準備金の積み立て

　責任準備金は保険会社が将来の保険金支払いを確実に行うために積み立てておく準備金です。とりわけ生命保険会社にとっては，長期の保険契約を全うするうえで重要な役割を果たしています。

生命保険会社

　生命保険会社の貸借対照表では，負債の部の大半が責任準備金です。正確には責任準備金は「保険料積立金」「未経過保険料」「危険準備金」で構成されていますが，ここでは保険料積立金を責任準備金として説明します。

　第2章で自然保険料と平準保険料の話をしました。死亡保険の場合，年齢ごとに保険料を決める自然保険料では高齢になるほど保険料が高くなってしまうので，保険期間を通じて保険料を一定の金額とする平準保険料が採用されました。契約者が若いうちは死亡率が低いので，リスクに対して多めに保険料を支払うことになりますが，保険会社が余った部分を責任準備金として備えておけば，高齢になって死亡率が高まり，支払う保険料だけでは足りなくても，責任準備金を取り崩すことで保険金を支払うことができます（**図表9－4**）。

【図表9－4】責任準備金のイメージ

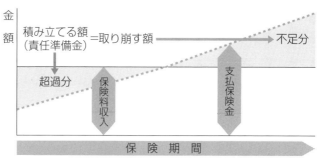

（出所）（一社）生命保険協会「生命保険会社のディスクロージャー虎の巻」

死亡保険の代表である定期保険では，保険会社が受け取る保険料が保険期間を通じて一定なのに対し，支払う保険金は契約者（被保険者）の年齢が上がるにつれて増えていくので，保険期間の前半は徐々に責任準備金が増え，途中から徐々に減っていきます。保険期間にもよりますが，満期保険金がないので，責任準備金の水準はピーク時でも総じて高くありません（**図表9－5**）。

　生死混合保険の代表である養老保険では，死亡保険金のほかに満期保険金にも対応しなければならないので，責任準備金の金額が大きくなります。死亡保険でも終身保険では，保険会社は必ず保険金を支払うため，保険期間を通じて責任準備金が増えていき，金額も大きくなります（**図表9－6**）。

【図表9－5】定期保険（平準払い）の責任準備金の水準

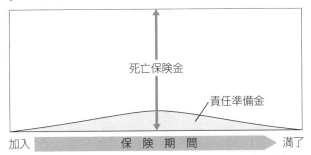

（出所）（一社）生命保険協会「生命保険会社のディスクロージャー虎の巻」

【図表9－6】養老保険（平準払い）の責任準備金の水準

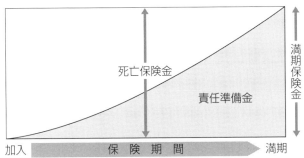

（出所）（一社）生命保険協会「生命保険会社のディスクロージャー虎の巻」

コラム 生保決算と責任準備金

　本文で説明しているように，生命保険会社は将来の保険金支払いに備えて責任準備金を積み立て，保険事故が発生したら，責任準備金を取り崩して保険金や給付金を支払います。責任準備金は保険料と同じく，予定死亡率や予定事業費率，予定利率などに基づいて算出します。

　しかし，過去には責任準備金を決算対策として不適切に取り崩したとみられる事例もありました。例えば1999年に経営破綻した東邦生命保険の損益計算書を見てみましょう。経常利益から有価証券売却益などのキャピタル損益を除外した数値を見ると，同じ経常赤字決算でも，1994年3月期と1995年3月期では数値が極端にちがっています。また，保険収支（保険料等収入から保険金等支払金を控除）が悪化したため，責任準備金が繰入から戻入に転じたのは理解できるとしても，戻入が不自然に大きくなっています。おそらく東邦生命は1995年3月期決算で責任準備金の積み立て水準を（大蔵省の認可を得て）保守的ではない方式に変更し，利益を計上した可能性が高いと考えられます。

東邦生命保険の損益計算書

（単位：億円）

	1994年3月	1995年3月
経常収益	13,781	12,298
保険料等収入	10,264	8,136
資産運用収益	3,360	2,043
利息及び配当金等収入	1,929	1,826
有価証券売却益	1,300	107
その他経常収益	157	2,118
責任準備金戻入額		2,099
経常費用	13,978	12,746
保険金等支払金	9,826	10,208
解約返戻金	4,884	3,493
責任準備金等繰入額	1,775	35
資産運用費用	1,148	1,361
有価証券売却損	577	307
有価証券評価損	463	932
事業費	1,107	1,033
経常利益	-198	-449
特別利益	615	671
不動産動産等処分益	615	620
特別損失	73	29
不動産動産等処分損	18	26
税引前当期純剰余	345	194
当期純剰余	233	134
当期未処分剰余金	234	135

（出所）東邦生命の決算発表資料より筆者作成

なお，危険準備金は会計上，責任準備金に含まれているものの，純資産の部の利益剰余金に近い性格のものです。法令によって，保険リスクや予定利率リスク（予定利率を資産運用で確保できないリスク），最低保証リスク（変額保険などの最低保証に関するリスク）などに対応して積み立てることが求められています。

損害保険会社

　損害保険会社の責任準備金には，「普通責任準備金」「払戻積立金」「異常危険準備金」などがあります。損害保険は総じて保険期間が短いとはいえ，将来の保険金支払いへの備えは重要です。

　普通責任準備金は次年度以降の保険金支払いに備えたもので，「初年度収支残（保険料から保険金や事業費などを控除した残額）」と「未経過保険料（保険料のうち翌年度以降に対応する部分）と保険料積立金（第三分野の一部が対象）の合計額」のいずれか大きいほうを積んでおくというルールです。保険期間1年であれば普通責任準備金はそれほど大きくなりませんが，長期火災保険（最長10年）のような例外もあります。

　なお，火災保険では上記に加え，大規模自然災害リスクに対応した普通責任準備金（未経過保険料）を別途で積んでいます。各社がリスクを定量的に把握し，これをもとに未経過保険料を積み立てます。

　払戻積立金は積立保険の満期返戻金に備えたもので，生命保険の責任準備金のように予定利率で割り引いた金額を積み立てます。

　異常危険準備金は他の責任準備金とは性格が異なります。通常の予測を超えるような異常災害の発生による保険金支払いに備え，普通責任準備金とは別途に積み立てておくもので，生命保険で説明した危険準備金と同じく，純資産の部の利益剰余金に近い性格のものです。法令によって，保険料の一定割合を積み立てることが求められているほか，火災保険では大規模自然災害のリスクを定量的に把握し，これをもとにした積み立ても行います。

2-2　支払備金の積み立て

　支払備金は責任準備金とともに保険会社の負債の部を構成する準備金で，

【図表 9 - 7】支払備金（普通備金）のイメージ

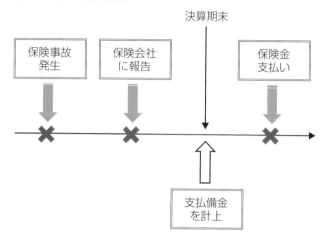

「普通備金」と「既発生未報告損害（IBNR, Incurred But Not Reported）」の２つがあります。特に損害保険会社では支払備金を十分積んでいたかどうかで経営の健全性が左右されることもあります。

　普通備金はすでに保険事故が発生し，保険金を支払う義務があるとわかっている（報告を受けている）ものの，決算期末の時点ではまだ支払っていない場合（支払金額が未確定のものや訴訟中のものを含む），保険金の見込額を負債として計上するものです。すでに支払い義務が生じているにもかかわらず，期末時点で支払いが完了していないからといって何も手当てをしなければ，当期の損益を過大評価することになってしまいます。そこで保険会社は支払備金を計上し，経営の健全性を確保しています（**図表 9 - 7**）。

　さらに，既発生未報告損害（IBNR）も計上しています。普通備金が「すでに保険事故が発生し，報告を受けている」未払いの保険金に対する備えであるのに対し，IBNRは「すでに保険事故が発生していると考えられるが，まだ報告を受けていない」ものに対する備えです。

　米国では過去しばしば支払備金の過少計上が問題となっていますし，日本でも2001年に経営破綻した大成火災海上保険は，海外再保険取引に関する支払備金が大幅に不足していると判明し，破綻に追い込まれました。

2-3 予防活動

　契約を引き受けてからの保険会社の対応は，責任準備金や支払備金を積み立て，保険事故の発生に備えるのが基本ですが，保険事故の予防に向けたサービスも行っています。契約者に交通安全講習会や損害防止サービス（ロスプリベンション）を実施したり，健康増進サービスを提供したりすることで，契約者の満足度を高めつつ，保険リスクの抑制を図っています。保険は事故発生時の金銭的な保障（補償）を行うものですが，こうした予防活動は保険の持つ社会的な役割を広げていくかもしれません。

　例えば，デジタル化の進展とともに，大企業だけでなく中小企業もサイバー攻撃を受け，機密情報が流出したり，金銭を要求されたりするリスクが高まっています。保険会社はサイバー保険によって，サイバー事故により生じた損害賠償責任や事故対応費用を補償するだけでなく，情報セキュリティ診断や事故対策のコンサルティングなど，企業のリスク軽減策も提供しています。保険会社はリスクに対する備えを提供するだけでなく，リスクそのものを減らす役割を果たそうというわけです。

　なお，**図表9-8**のように，大手損害保険会社はいずれもグループ内にリスクコンサルティングを提供する会社を持っていて，主に企業に対し，リスクマネジメントや危機管理の支援を行っています（リスクマネジメントについては第1章を参照）。

　保険リスクを抑えるだけでなく，契約者に保険を続けてもらうことも保険会社にとって重要な業務です。かつての生命保険業界は新契約の獲得を経営の最優先事項としていたため，契約後すぐの解約が多く，例えば1985年の13月目継続率（契約後約1年後に契約が続いている割合）は80％強にとどまっていました。現在は，多くの生命保険会社が保険契約の継続を重視し，営業職員による

【図表9-8】 3メガ損保グループのリスクマネジメント会社

・東京海上日動リスクコンサルティング
・MS&ADインターリスク総研
・SOMPOリスクマネジメント

訪問活動や継続的な契約案内などを行っており，13月目継続率は90％台半ば（公表している会社のみ）と，早期解約の割合はかなり減っています。

2－4　支払管理

　保険契約の締結を「入口」だとすると，「出口」は保険金等の支払いです。第7章で取り上げた保険金不払い問題のように，本来支払うべき保険給付を行わないのは，保険会社による契約不履行です。しかし，契約者からの請求に応じるまま何でも支払ってしまえばいいかと言えば，それもまた保険会社の信頼を損なうことになってしまいます。適切かつ迅速な支払いが求められています。

　生命保険は定額給付のため，支払うべき保険金や給付金の金額があらかじめ決まっています。契約者から請求を受けた保険会社は，請求書類や診断書などから契約上の支払事由に該当することを確認し，契約時の告知義務違反や保険金詐欺の可能性なども考慮したうえで，速やかに支払いを行います。その際，

【図表9－9】損害保険の保険金支払いプロセス（イメージ）

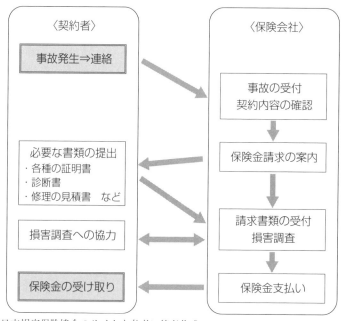

（出所）日本損害保険協会のサイトを参考に筆者作成

支払い漏れや請求案内漏れがないかどうかも確認のポイントです。

　これに対し，損害保険は実損てん補（実際に発生した損害額を補償する）が多いので，損害調査により支払う保険金額を確定する必要があります。事故の連絡を受けた保険会社は損害調査部門が契約内容を確認し，契約者に請求書類や各種の証明書，診断書，修理の見積書などの書類を求めるとともに，事故や損害，けが（治療）の状況について調査を行います。例えば自動車保険では，事故現場を確認し，事故の状況や原因を明らかにして，被保険者が法律上の損害賠償責任を負うかどうかを見極めたうえで，（契約内容に応じて）被害者との示談交渉を行います（**図表9－9**）。

> ### この章のまとめ
>
> ・保険会社は将来の保険金支払いをより確実なものとするため，保険料の設定や，それ以外でも様々な工夫をしている
> ・保険会社経営の健全性確保のために「責任準備金」「支払備金」は重要

第10章 保険会社の収益・リスク構造

この章では次のことを学びます

- ・保険会社の財務諸表はどのようなものか
- ・生命保険会社の主な収益源は何か
- ・生命保険会社の経営リスクとして重要と考えられるものは何か

1 保険会社の財務諸表

1-1 貸借対照表

　事業会社に比べると，保険会社の財務諸表はかなり特徴があります。

　まず，貸借対照表を見てみましょう。「資産の部」「負債の部」「純資産の部」に分かれていて，「資産の部」の合計額が，「負債の部」と「純資産の部」の合計額に一致するのは事業会社と同じです。ただ，資産・負債ともに流動・固定の区分はなく，資産は現預金，有価証券，貸付金といった資産種類ごとに分かれ，負債は大半を責任準備金など保険契約準備金が占めています。

【図表10-1】 生命保険会社（相互会社）の貸借対照表

【資産の部】	【負債の部】
現預金 有価証券 （公社債，株式など） 貸付金　など	保険契約準備金 （責任準備金など）
	【純資産の部】
	基金 基金償却積立金 剰余金　など

図表10－1のように，相互会社の場合には「純資産の部」に資本金や資本剰余金がなく，代わりに「基金」「基金償却積立金」といった相互会社に特有な項目が並びます。

1－2　損益計算書

　次は損益計算書です。事業会社の場合，本業での損益（営業収益・費用）と本業以外での損益（営業外収益・費用）に分かれています。これに対し，保険会社の損益計算書には営業・営業外の区分がありません。

　経常収益の主な項目は，生命保険会社であれば「保険料等収入」「資産運用収益」，経常費用の主な項目は「保険金等支払金」「責任準備金等繰入額」「資産運用費用」「事業費」です（**図表10－2**）。

　マスメディアはしばしば「（事業会社の）売上高にあたる保険料等収入」と書きますが，正しい表現ではありません。もし，売上高をその期に受け取った本業の収入とするのなら，資産運用収益も含めるべきでしょう。

　日本の会計基準ではその期に保険会社が受け取った保険料等収入をすべて経常収益に計上します。その期に獲得した新契約からの保険料だけでなく，過去に獲得した保有契約からの保険料も含みます。何より，一時払いの貯蓄性商品の販売量によって保険料等収入は大きく動きます。銀行で言えば受け入れた預金を「売上高」と呼ぶようなものなのです。

【図表10－2】生命保険会社の損益計算書

経常収益 　保険料等収入 　資産運用収益　など
経常費用 　保険金等支払金 　責任準備金等繰入額 　資産運用費用 　事業費　など
経常損益
特別損益
法人税等
当期純利益（相互会社は当期純剰余）

【図表10－3】 損害保険会社の損益計算書

経常収益 　保険引受収益 　　正味収入保険料　など 　資産運用収益　など
経常費用 　保険引受費用 　　正味支払保険金　など 　資産運用費用 　営業費及び一般管理費　など
経常損益
特別損益
法人税等
当期純利益

　損害保険会社では，経常収益は「保険引受収益」「資産運用収益」，経常費用は「保険引受費用」「資産運用費用」「営業費及び一般管理費」となっていて，生命保険会社とはやや区分が異なります。保険引受収益の内訳は正味収入保険料や収入積立保険料など，保険引受費用の内訳は正味支払保険金や損害調査費，諸手数料及び集金費などです（**図表10－3**）。

1－3　保険収支

　生命保険会社の経常収益に「保険料等収入」があり，経常費用に「保険金等支払金」があると，つい両者を差し引いて，収支を計算したくなります。しかし，生命保険会社はその期の収入でその期の支出を賄うといった，いわば自転車操業をしているのではありません。その期の保険料等収入のうち，翌期以降に支払いが見込まれるものは責任準備金に繰り入れ，その期に支払う保険金や給付金などは責任準備金を取り崩して支払います（ただし，損益計算書では「責任準備金繰入額」「責任準備金戻入額」が相殺され，どちらか一方しか表示されません）。損益計算書の保険料等収入と保険金等支払金は対応関係にないので，「保険料等収入 ⇒ 責任準備金繰入」「責任準備金戻入 ⇒ 保険金等支払金」の流れを理解してください。

　他方，損害保険会社の「正味収入保険料」と「正味支払保険金」も，厳密に

言えば対応関係にありません。当期の正味収入保険料には未経過保険料（次年度以降の補償にあたる保険料）が含まれているうえ，当期の正味支払保険金にも前期の未払保険金（前期に発生した事故で支払いが当期となったもの）が含まれているためです。とはいえ，損害保険の多くは1年契約なので，両者を比べることで大まかな保険収支（**損害率と言います**）をつかむことができます。

大手損害保険会社は損害率として，次の2つの指標を公表しています。正味損害率はリトン・ペイドベースの損害率とも呼ばれ，当期の正味収入保険料と正味支払保険金（損害調査費を含む）をそのまま比べたものなので，損益計算書があれば誰でも計算できます。もう一つはEI損害率（アーンド・インカード損害率）で，分母を既経過保険料，分子を発生損害額とすることで，保険料と保険金の期間対応を図った損害率です。

$$\text{正味損害率} = \frac{\text{正味支払保険金＋損害調査費}}{\text{正味収入保険料}}$$

$$\text{EI 損害率} = \frac{\text{発生損害額}}{\text{既経過保険料}}$$

$$\text{発生損害額} = \text{正味支払保険金} + \text{支払備金の増減額}$$

$$\text{既経過保険料} = \text{正味収入保険料} - \text{未経過保険料の増減額}$$

損害率は保険種目ごとにも計算できます。過去の推移を見ると，自動車保険の損害率が比較的安定しているのに対し，火災保険の損害率は時々大きく跳ね上がっています。2011年度と2018年度の損害率は，いずれも大規模な自然災害が発生し，それに伴う保険金支払いが多かったため，損害率が100％を上回りました。100％を上回るということは，その期の保険料で保険金支払いを賄えなかったことを意味します（**図表10－4**）。

1－4　保険会社の会計基準

参考までに，事業会社の会計基準は会社法や金融商品取引法に基づいているのに対し，保険会社の財務諸表は保険業法に基づく会計基準で作成されています。会計処理方法や表示方法，報告様式も法令で決められていて，特徴ある財

【図表10－4】 火災保険と自動車保険の損害率の推移

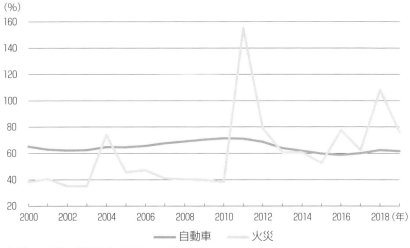

（出所）日本損害保険協会の統計より筆者作成

務省表の様式も法令で定められたものです。ただし，保険業法に定めがないも
のは，事業会社と同じ基準を適用することになっています。

　保険業法により保険会社は業務報告書を作成し，提出しなければなりません。
法令で事業年度は４月１日から翌年３月31日と決まっているので，日本の保険
会社はすべて３月決算です。

> **保険業法第110条**
> 　保険会社は，事業年度ごとに，業務及び財産の状況を記載した中間業務
> 報告書及び業務報告書を作成し，内閣総理大臣に提出しなければならない。

　なお，株式を証券取引所に上場している保険会社は金融商品取引法の適用を
受け，有価証券報告書も作成しなければなりませんが，保険業は財務諸表等規
則（金融商品取引法に基づく会計基準）の別記事業とされていて，保険業法に
基づく財務諸表が金融商品取引法でも適用されます。

2 銀行と生命保険会社を比べてみよう

2－1 貸借対照表

　契約期間が総じて短い損害保険会社に比べると，期間が超長期におよぶ契約を多く抱える生命保険会社の経営内容はわかりにくいかもしれません。そこで，金融機関の代表選手である銀行と比べることで，生命保険会社の収益・リスクがどうなっているのかを理解しましょう。

　まずは銀行と生命保険会社の貸借対照表を比べてみます。**図表10－5**を見ると，どちらも金融機関なので，貸借対照表も何となく似ています（銀行は銀行法により財務諸表を作成しています）。銀行の負債は預金が中心で，生命保険会社の負債は責任準備金が大半を占めています。

　伝統的な銀行のビジネスは個人などから預金を集め，この資金を企業などに貸し出すというものでした。このため負債の多くは預金となり，資産は本来，貸出金が中心となるはずです。しかし，日本銀行「資金循環」を見ると，企業が資金不足主体であったのはもはや過去の話で，資金余剰主体となって久しいため，近年は銀行が優良な貸出先を見つけるのが難しく，集めた資金を国債など有価証券に投資することも多くなっています（**図表10－6**）。

【図表10－5】銀行と生命保険会社の貸借対照表

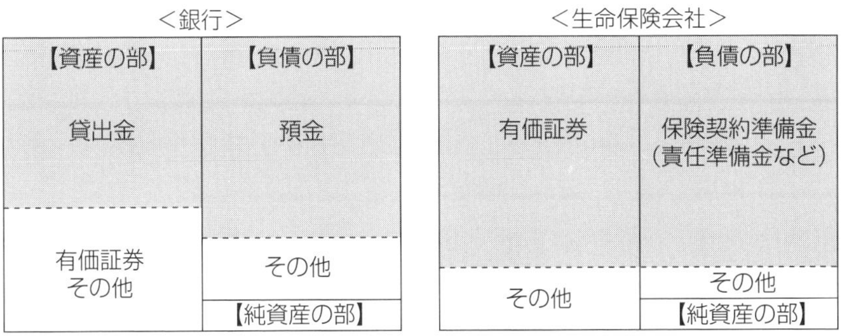

【図表10－6】部門別の資金過不足

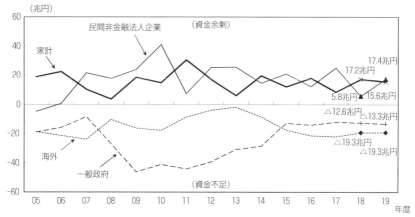

(出所) 日本銀行「2020年第2四半期の資金循環（速報）」

2－2　収益構造の比較

　次に，それぞれの収益構造を確認してみましょう。銀行と生命保険会社がどこで儲けているかという話です。

　銀行の収益源は利ざやと手数料収入（会計上は役務取引等収益）です。利ざやとは，貸出金金利または有価証券の運用収益と預金金利の差です。ある企業に年1.5％で融資を実行し，預金利息が年0.05％であれば，年1.45％の利ざやを得ることができます。ここから人件費など銀行の経費を差し引いたものが銀行の収益です。加えて，口座振替手数料や，投資信託や保険販売で得られる手数料収入も重要な収益源となっています。

　これに対し，生命保険会社は契約者から保険料を受け取り，将来の支払いに備えて責任準備金として積み立てる資金を，銀行と同じように企業に貸し出したり，有価証券に投資したりしています。責任準備金は契約獲得時の予定利率で割り引かれているので，資産運用収益が予定利息（予定利率に伴う費用）を上回れば利ざやを得ることができます。ここまでは銀行とほぼ同じです。

　ただし，保険料には経費を賄う部分（付加保険料）もあり，実際の経費が付加保険料を下回れば，収益（費差益）となります。将来の保険金支払いにあて

【図表10－7】 生命保険会社の3利源

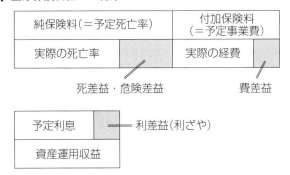

```
┌────────────────────────┬─────────────────────┐
│ 純保険料（＝予定死亡率）  │ 付加保険料           │
│                         │（＝予定事業費）      │
├──────────────┬───┼──────────────┬──┤
│ 実際の死亡率   │   │ 実際の経費     │  │
└──────────────┴───┴──────────────┴──┘
         死差益・危険差益              費差益

┌──────────────┬───┐
│ 予定利息       │   │── 利差益（利ざや）
├──────────────┴───┤
│ 資産運用収益          │
└──────────────────┘
```

【図表10－8】 予定利率（平準払い契約）の変遷

1985年4月～	10年以下	6.25%
	10年～20年	6.00%
	20年超	5.50%
1990年4月～	10年以下	5.75%
	10年超	5.50%
1993年4月～		4.75%
1994年4月～		3.75%
1996年4月～	（標準利率）	2.75%
1999年4月～	（標準利率）	2.00%
2001月4月～	（標準利率）	1.50%
2013年4月～	（標準利率）	1.00%
2017月4月～	（標準利率）	0.25%

る部分（純保険料）も余裕をもって保険料を算出しているので，実際の支払い
が予想を下回れば収益（死差益または危険差益）となります（**図表10－7**）。

図表10－8のように，1990年代半ばまでに獲得した契約は現在に比べると予
定利率が高く，その後，金利が歴史的な低水準に下がってしまったため，この
部分では資産運用収益が予定利率を下回る逆ざやとなっています。生命保険の
契約期間は非常に長いので，当時から20年以上たった現在でも，会社によって
は高予定利率契約の責任準備金が未だに個人向け契約全体の3，4割を占めて
いるので，過去の話ではありません。これが銀行であれば，純資産を取り崩し

て逆ざやを穴埋めするしかありませんが，生命保険会社は費差益や死差益・危険差益といった利ざや以外の収益で補うことができます。

2－3　重要なリスク

　収益のあるところには必ずリスクもあります。今度はそれぞれが抱える経営リスクを見てみましょう。

　銀行の経営リスクとして重要と考えられるものは，「信用リスク」「市場リスク」「ALMリスク（特に資金繰りのリスク）」です。信用リスクは貸出先の経営状態が悪化し，貸出利息や元本を回収できなくなるリスクです。バブル崩壊後の日本の銀行業界は，多額の貸出債権が焦げ付き，深刻な不良債権問題に苦しみました。市場リスクも銀行の保有する資産に関するもので，有価証券の価格変動により損失を被るリスクです。

　ALMリスクは資産と負債の期間ミスマッチに伴うリスクです。多くの銀行は「短期調達・長期運用」という資金構造で，銀行の資金調達手段である預金は期間が短く，普通預金や当座預金ならば，預金者の要請に応じて，ただちに資金を返さなければなりません（短期金融市場からの資金調達も行っています）。一方，貸出金には返済期日があり，銀行の都合で期日前に返済を求めることはできません。銀行にとって重要なALMリスクとは，資金不足に直面した際，調達が思うようにできず，資金繰りに窮するリスクです。

　これに対し，生命保険会社の経営リスクとして重要と考えられるものは，「保険引受リスク」「市場リスク・信用リスク」「ALMリスク（特に金利リスク）」です。保険引受リスクは第9章で説明した，保険会社に特有のリスクですが，市場リスク・信用リスクは保険会社の保有する資産に関するもので，銀行と共通しています。ただし，生命保険会社の負債特性を踏まえ，銀行よりも残存期間がはるかに長い公社債が多くなっています。

　生命保険会社の資金構造を銀行になぞらえれば，「超長期調達・長期運用」となります。生命保険会社は20年国債や30年国債といった，残存期間の長い公社債を大量に保有しているのですが，予定利率を保証している期間はさらに長いことが多く，生命保険会社にとって重要なALMリスクとは，金利水準の変動により予定利率の保証が経営の重荷となることです（**図表10－9**）。

【図表10−9】 銀行と生命保険会社の資金構造

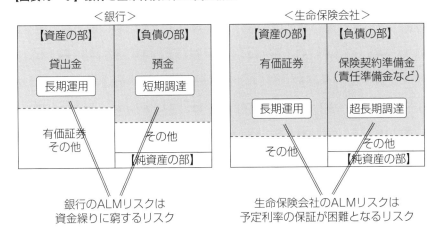

　なお，銀行も生命保険会社も金融機関なので，事務リスク（事務ミスなどにより損失が発生するリスク）やシステムリスク（システムダウンなどシステムの問題で損失が発生するリスク）はどちらにとっても重要なリスクです。

2−4　金利が下がるとどうなるか

　銀行の資金構造は「短期調達・長期運用」，生命保険会社は「超長期調達・長期運用」と長短が逆転しています。それにもかかわらず，低金利が続く昨今では，銀行も生命保険会社もともに低金利で苦しんでいます。資金構造が真逆なのに，どうしてそのようなことが起きるのでしょうか。

　次頁の**図表10−10**のように，金利水準が大きく下がっていった1990年代を振り返ると，実のところ，銀行にとって金利低下は追い風でした。「短期調達・長期運用」なので，預金金利が先に下がり，後から貸出金利が下がります。銀行の利ざやは広がり，不良債権処理の原資となりました。

　他方で「超長期調達・長期運用」の生命保険会社にとっては厳しい経営環境でした。1980年代までに獲得した契約の予定利率は5％以上でした。1990年代の金利低下とともに資産運用利回りも下がり，いわゆる「逆ざや」が深刻な問題となります。生命保険会社は予定利率を何度も引き下げていきましたが，低い予定利率が適用されるのは新たに獲得した契約だけで，既契約の予定利率は

【図表10-10】 長期金利の推移（10年国債利回り）

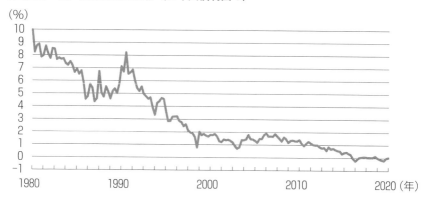

そのままです（団体年金保険は新たな予定利率が全体に適用されますが，顧客離れを招きました）。2000年前後になって経営危機に陥る会社が続出したのは，金利低下によって高利率契約が経営の重荷となったことが一因です。

　ところがその後，銀行にとって状況が変わります。低金利が続くなかで，預金金利がこれ以上下がらないところ（つまり，ほぼゼロ）まで到達してしまいました。預金金利が下がらず，貸出金利は下がるので，今度は利ざやが縮小してしまいます。金融庁の資料によると，10年前には2%近かった地域銀行の利ざやは，約1%まで減っています。

　生命保険会社の経営環境は相変わらず厳しいままです。高い予定利率の保証が続く一方，運用利回りにはさらなる低下圧力がかかっています。とりわけ2016年1月に日本銀行がマイナス金利政策を導入し，そのために超長期金利の水準が大きく下がったことが大きく影響しています。

　このまま低金利が続くとどうなるのでしょうか。生命保険会社については，例えば1990年に30歳で終身保険に加入した人の多くは，60歳時点での平均余命（男性23年，女性28年）を踏まえると，あと20年以上生きることになり，高い予定利率の保証は今後も続きます。ただ，銀行はもっと深刻かもしれません。利ざやの回復が当面見込めないだけでなく，企業や個人の貸出需要が近未来に高まるとはとても考えにくいためです。

3 保険会計の限界

3−1 金利変動の影響を反映しない

　資金構造が「超長期調達・長期運用」となっている生命保険会社の経営が
ALMリスク（金利リスク）にさらされていて，現実に金利が下がり，悪影響
を受けていることがわかりました。ただし，残念ながら現行の会計基準が，そ
うした金利変動による影響をうまくとらえていないという問題があります。

　現行会計では貸借対照表のうち，資産の有価証券は保有区分により「時価」
または「償却原価」で表示されます。「その他有価証券」「売買有価証券」区分
の公社債は時価評価，「満期保有目的債券」「責任準備金対応債券」区分のもの
は償却原価による評価です。これに対し，負債の大半を占める責任準備金は契
約獲得時の予定利率等で計算されているので，いわば取得原価での評価です。

　このように資産と負債で評価方法がばらばらなので，金利が下がると資産の
うち時価評価の公社債だけ価格が上がり，残りの資産・負債は動きません。そ
の結果，金利が下がると資産だけが増え，経営内容が改善したかのように見え
てしまいます。しかし，本当はそうではありません。資産も負債も時価評価で
考えると，資産の価値が増える一方，資産よりも負債のほうが長いので，負債
の価値は資産以上に膨らんでいるはずなのです（**図表10−11**）。

【図表10−11】金利低下の影響（現行会計と経済価値）

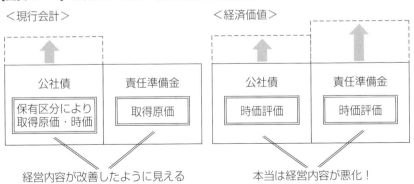

3－2　収益と費用のずれ

　もう1点指摘しておきたいのは，収益と費用のずれによる問題です。生命保険事業では新契約の獲得時に多くの費用がかかります。営業職員への報酬（固定給のほか販売に応じた歩合給がある）や代理店手数料の支払い，広告宣伝費（新商品が出ると保険会社は大々的に宣伝します）などです。これらの新契約コストは会計の発生主義にしたがい，当期の費用として計上されます。

　これに対し，獲得した新契約からの保険料は，大半が責任準備金として将来の支払いの備えとして積み立てられます（責任準備金繰入額は費用です）。結果として，新契約を獲得するほど費用計上の負担がその期の損益を圧迫します。実際には赤字の契約を獲得しているのではなく，むしろ新契約の獲得によって会社価値は高まるのですが，現行会計ではこうなってしまいます。

　2020年度にはこれと反対のことが起きました。不祥事やコロナ禍による営業自粛で新契約の獲得が困難となった会社では，新契約コストが例年を大きく下回った一方，既契約からの収益はほぼ例年どおりでしたので，会計上の損益が改善しました。だからといって，新契約の獲得により会社価値を増やすことができない状態が，経営として望ましいはずはありません。

3－3　エンベディッド・バリュー（EV）

　こうした保険会計の限界を補う取り組みも浸透してきました。その代表的なものがエンベディッド・バリュー（EV）の公表です。

　EVは生命保険会社の会社価値を示す指標で，純資産に「保有契約価値」を加えて算出します。保有契約価値は，すでに獲得した契約が将来にわたり生み出すであろう損益を見積もったものです。将来の損益の見積もりといっても，これから獲得する契約ではなく，すでに獲得した契約によるものなので，「絵に描いた餅」ではありません（**図表10－12**）。

　現行会計は新契約の獲得時に多額の費用を計上した後，何年もかけて収益を計上していく基準なので，新契約の獲得によって収益をどの程度上げることができるのかの判断材料となりません。しかしEVであれば，新契約が会社価値にどの程度貢献しそうなのかをつかむことができます。

【図表10−12】エンベディッド・バリュー（EV）

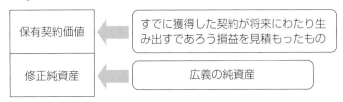

　将来の損益を見積もるうえで，金利水準は重要な要素です。現行会計ではとらえられない金利変動の影響を，EVであれば知ることができます。実際，マイナス金利政策で超長期金利が下がった2016年3月期には，大手生命保険グループのEVが軒並み大幅に減少し，金利低下による悪影響が明らかになりました。EVはもっと注目されていい指標ですし，他に経済価値ベースの指標が公表されるようになるまでは，より多くの会社が公表すべき指標です。

この章のまとめ

- 保険会社の財務諸表では責任準備金に注目（特に生命保険会社）
- 利ざやに加え，費差益や死差益（危険差益）が重要な収益源
- 多くの生命保険会社は金利低下で利率保証が重荷となっている

第11章 保険の流通市場

この章では次のことを学びます

・保険会社のビジネスモデルはどのようなものか

・なぜ多くの生命保険が営業職員により販売されてきたのか

・保険流通市場はどのように変化してきたか

1 保険の流通市場

1-1 製販一体モデルと製販分離モデル

保険商品のいわばメーカーとしての保険会社にとって，ユーザーである個人や企業に商品を届けるには2つのビジネスモデルがあります。

1つは**製販一体モデル**で，保険会社が自前の流通網を持つというやり方です。生命保険会社の営業職員組織がその典型的な例で，保険会社の職員が原則として自社の商品のみを顧客に提供します。インターネットなどで直接顧客にアプローチするダイレクト保険会社もこのモデルです。損害保険会社の専属代理店は，代理店なので保険会社とは別の経営主体ではありますが，保険会社が採用し，数年かけて育成した代理店や，保険会社が出資し，人材を派遣している代理店も多く，これらも製販一体モデルに近いものと言えるでしょう。

もう1つは**製販分離モデル**です。メーカーである保険会社と流通を担う代理店がそれぞれパートナーとして独立し，保険会社は複数の代理店に商品を供給する一方，代理店も複数の保険会社から商品を仕入れ，自らの顧客に提供します。こうした代理店を乗合代理店と言います。銀行や証券会社も乗合代理店として複数の保険会社の商品を取り扱うのが一般的です。

【図表11－1】 大手生命保険会社の主力チャネル

会社名	総資産 (億円)	営業職員数 (人)	主力チャネル
かんぽ生命	716,673	1,104	郵便局
日本生命	690,711	55,132	営業職員，銀行等，一般代理店
明治安田生命	395,453	33,000	営業職員，銀行等
第一生命	370,086	44,401	営業職員
住友生命	329,596	32,206	営業職員，銀行等
アフラック生命	123,793	0	一般代理店，提携金融機関
メットライフ生命	120,984	4,226	営業職員，銀行等，一般代理店，通信販売
ジブラルタ生命	113,192	8,075	営業職員，一般代理店
ソニー生命	112,389	5,792	営業職員，一般代理店
第一フロンティア生命	89,472	0	銀行等

　損害保険は代理店扱いが9割以上を占め，ダイレクト自動車保険を除き，損害保険会社の主力チャネルも代理店（専属・乗合）が中心です。

　これに対し，**図表11－1**のように，生命保険会社は主力とする販売チャネル（すなわち採用するビジネスモデル）が会社によってかなりちがいます。歴史の長い大手生保4社（日本，第一，住友，明治安田）の主力チャネルは営業職員ですが，第一生命保険を除く3社は銀行チャネルでの商品提供にも力を入れています（第一生命保険は同じグループの第一フロンティア生命保険が銀行チャネルで商品を提供）。近年は保険ショップを展開する乗合代理店を買収したり，出資したりしています。ソニー生命保険も営業職員チャネルを主力としていますが，大手4社の営業職員が女性中心なのに対し，ソニー生命保険の営業職員は男性が中心で，オーダーメイドの保険を提供しています。

　外資系生保の販売チャネルは多様です。アフラック生命保険は営業職員組織を持たず，アソシエイツと呼ばれる販売代理店や銀行チャネルのほか，第一生命保険や日本郵政グループなどと業務提携を行い，がん保険や医療保険などを提供しています。メットライフ生命保険は旧アリコジャパンの時代から営業職員，代理店，銀行，通信販売の4つでマルチチャネル戦略を展開してきました。ジブラルタ生命保険の前身である旧協栄生命保険では，日本教育公務員弘済会

などの提携団体市場に対し，営業職員が商品を提供するというビジネスモデルを中核としていたため，現在も引き継がれています。

1－2　旧世界と新世界

このように，保険会社（特に生命保険会社）のビジネスモデルが多様となっていることを，別の切り口で説明しましょう。

保険流通の世界を「旧世界」「新世界」に分けてみました。利用者にとって望ましい保険流通市場とは，充実した保障（補償）を低価格で利用できる市場です。「いい商品を，できるだけ安く」という利用者のニーズはどの商品・サービスにも共通しています。商品・サービスの提供者がライバルとの競争に勝ち，利用者の支持を得るために，性能や品質を高めたり，コスト削減により価格を下げたりすることで，市場全体として「いい商品を，できるだけ安く」に近づいていきます。保険も同じです。

ただし，第3章の保険の歴史で説明したように，日本では「護送船団」行政と言われる旧大蔵省の指導体制が長く続き，1990年代までは，価格をはじめ，競争が厳しく制限され，保険流通市場もそのなかで発展しました。これが本書で言うところの「旧世界」です。

旧世界の供給者の戦略は，「高価格だが充実した保障のパッケージをコンサルティングにより提供する」というものです（**図表11－2**の戦略A）。生命保険会社の営業職員チャネルがその代表的な例で，利用者の「信用できる相手から話を聞いて買いたい」というニーズに応えたものと言えるでしょう。損害保険の専業代理店の多くも該当します。専属またはそれに近い代理店では，自動車保険の顧客に対し，火災保険や新種保険，生命保険を併せて提供しています。

これに対し，1990年代後半以降，規制緩和が進んだことや，社会や経済，さらには技術が変化したことを受けて，保険流通市場にも新たな動きが次々に見られるようになりました。こうした動きを本書では「新世界」と呼んでいます。

新世界の供給者の戦略は，「シンプルでわかりやすく，低価格（に見える）商品を，多様なチャネルを通じて提供する」というものです（**図表11－2**の戦略B）。銀行は貯蓄性商品の販売チャネルとしてはすっかり定着しましたし，商店街やショッピングセンターなどで「保険ショップ」と呼ばれる来店型の乗

【図表11-2】「旧世界」「新世界」の戦略のちがい

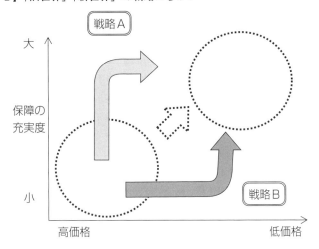

合代理店を見かけることも増えました。購入前にインターネットで保険を比べ
るというのも，当然ながらインターネットが普及してからの消費者行動です。

　旧世界は実質的に製販一体モデルで，原則として特定の保険会社の商品のみ
を提供しています。これに対し，新世界の多くは利用者の「比べて買いたい」
というニーズに応えた戦略をとっているので，銀行でも保険ショップでも，複
数の保険会社の商品を取り扱うのが一般的です。ダイレクト保険は直販なので，
特定の保険会社の商品ということになりますが，利用者はネットで加入できる
という利便性のほか，ネットであれば他社の商品とも比べやすいという特徴が
あるので，新世界と言えるでしょう。

　なお，新世界の戦略について「低価格の商品」ではなく「低価格（に見え
る）商品」と書いたのは，本当の意味で価格競争が行われているとは言えない
ためです。現在も商品認可制度があり，純保険料部分での価格競争は実質的に
できません。付加保険料部分は保険会社が自由に決められるとはいえ，保障内
容の多様化が進み，商品を比べてみて「割安」「割高」と判断するのは至難の
業であり，比較のための環境整備が課題となっています。

2 流通市場のプレーヤー

2－1 生命保険の営業職員チャネル

　生命保険の販売チャネルのうち最もシェアが大きいのは，先ほど「旧世界」の代表的な例として挙げた，生命保険会社の営業職員による対面販売です。1990年代前半には40万人以上の営業職員が保険販売の大半を担っていたものが，現在は23万人程度まで減り，販売シェアも徐々に下がっています。とはいえ，歴史の長い国内系生命保険会社は今でも営業職員チャネルを主力の販売網としています。特に，大手4社の営業職員は合計約16万人にもなりますので，全体の約7割が大手4社に所属していることになります。

　例えば，「第一生命アニュアルレポート2020（ディスクロージャー誌）」によると，生涯設計デザイナー（営業職員）は約4.4万人の陣容で，営業職員の大半が女性であることが示されています（**図表11－3**）。

　大規模なセールスレディー部隊が，大型の死亡保障を中心としたパッケージ商品を，顧客を頻繁に訪問して売りさばくというのが1990年代までの生命保険会社の伝統的なビジネスモデルでした。オフィスの入室管理が厳しくなった今では信じられないかもしれませんが，1990年代までは昼休みになると職場に生

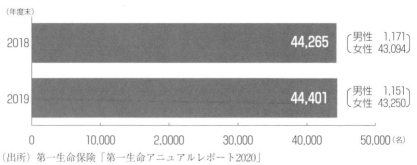

【図表11－3】第一生命保険「従業員の状況」

■生涯設計デザイナーの在籍状況

（年度末）

2018	44,265（男性 1,171／女性 43,094）
2019	44,401（男性 1,151／女性 43,250）

0　　　10,000　　　2,0000　　　30,000　　　40,000　　　50,000（名）

（出所）第一生命保険「第一生命アニュアルレポート2020」

命保険会社の営業職員がやってきて，雑談をしたり，粗品を配ったりする（もちろん保険の商談もします）のが日常的な風景でした。

2-2　なぜ女性が中心なのか

　女性が営業職員の中心となったのは第二次世界大戦後のことで，戦前から戦後数年は男性が中心でした。「戦争未亡人を雇用したのが起源」という説もありますが，保険研究所「日本保険業史 総説編」によると，営業職員の大量採用が目立つようになり，かつ，その中心が女性となったのは1950年代からのようなので，「戦争未亡人」よりも，むしろ専業主婦を戦力にしたというのが正しいのかもしれません。保険会社は保険料を月々支払う月掛保険を販売するようになり（1948年に明治生命保険が開始。当時保険料は年払いでした），集金要員として女性を採用しました。その後，家庭婦人を営業職員として大量に採用し，担当地区を割り当て，月掛保険の販売活動と集金活動を一体化して行うシステムを確立していきます。報酬は歩合給が基本です。

　現在，日本の生命保険市場の規模は世界トップレベルです。生命保険文化センター「生命保険に関する全国実態調査」によると，世帯加入率は1968年に約9割まで高まり，その後も高水準を維持しています（簡易保険を含む）。その原動力となった1つが，女性営業職員による月掛保険の訪問販売なのは間違いないでしょう。

　ただし，護送船団行政の時代から，営業職員の大量採用・大量脱落が問題になっていました（ターンオーバー問題）。「友呼び（在籍する営業職員が友人をリクルートすること）」で採用した新人営業職員が，地縁・血縁に頼った販売が一巡すると営業活動が滞ってしまい，早々に退職に追い込まれ，同時に解約も増える（義理人情で加入した契約なので，続ける理由がなくなるため）というパターンが日常的でした。生命保険の営業が「G（義理）・N（人情）・P（プレゼント）」営業と揶揄（やゆ）されていたのはそれほど昔の話ではありません。保険行政への諮問を行っていた保険審議会（現在は金融審議会）は何度もこの問題を指摘し，対応策もとられてきたものの，ターンオーバー問題は解消しませんでした。大手4社のデータを見ると，2000年代前半までは毎年在籍数の4割程度にあたる営業職員が退職していました。

2－3　ターンオーバーの改善

　しかし，この10年間の大手生保の営業職員数を見ると，ターンオーバー問題はかなり改善されています。ディスクロージャー誌を確認すると，第一生命保険は2019年度に生涯設計デザイナーを6,773人採用したとあり，期初に44,265人在籍していたことから，同じ年度に6,637人，期初在籍数の15％が退職したことになります。他の大手3社も概ね同じ水準です（**図表11－4**）。

　2005年に発覚した保険金不払い問題を経て，各社は新契約に過度に偏重した営業活動を改め，顧客訪問活動など既契約を重視する営業活動に舵を切りました。採用後の教育を重視し，固定給を増やすなど，早期退職を減らす取り組みもターンオーバーの改善に効果を上げたと考えられます。

　もっとも，自前の大規模な営業職員組織による訪問販売というビジネスモデルが今後も持続可能なのかという疑問は残ります。現在，営業職員チャネルでは，新契約の大半を既契約者やその周辺から獲得しているとみられ，既契約者の高齢化とともに，市場が先細りしていくことが予想されます。

【図表11－4】大手生保4社の営業職員数の推移

（単位：人，％）

	日本生命		第一生命		住友生命		明治安田生命	
	在籍数	退職率	在籍数	退職率	在籍数	退職率	在籍数	退職率
2010	51,045	23.4%	43,527	23.7%	32,576	23.6%	30,163	19.2%
2011	51,163	23.2%	43,948	21.5%	31,456	17.6%	29,284	18.4%
2012	51,681	23.5%	44,418	20.7%	30,870	17.3%	28,925	18.9%
2013	52,325	22.5%	43,366	21.9%	30,937	16.8%	28,731	19.8%
2014	52,306	21.5%	42,262	22.1%	31,006	16.2%	30,101	15.6%
2015	51,955	19.2%	42,983	18.7%	31,244	15.5%	30,531	16.7%
2016	50,904	20.9%	45,080	15.0%	31,852	15.4%	31,421	14.5%
2017	52,356	17.0%	45,013	16.5%	31,894	17.1%	31,776	16.9%
2018	53,868	18.0%	44,265	15.9%	31,981	15.9%	32,444	16.5%
2019	55,132	17.0%	44,401	15.0%	32,206	16.3%	33,000	16.3%

注：退職率は在籍数の増減と採用数から算出した退職数を期首在籍数と比べたもの
（出所）各社のディスクロージャー誌より筆者作成

2－4　メーカー目線と流通目線

　前述のように，かんぽ生命を除く大手生保が主力とする販売チャネルは女性を中心とした営業職員組織です。しかし同時に，銀行を通じた貯蓄性商品などの販売や保険ショップの相次ぐ買収などを通じ，各社とも徐々にマルチチャネル化を進めています。当初はあくまでも営業職員チャネルの補完という位置付けだったのかもしれませんが，営業職員チャネルだけではアクセスが難しい層が増え，購入前にネットで調べることも一般的になり，メーカーとしての保険会社からすると，マルチチャネルに転じなければ先細りになってしまうという判断だと考えられます。

　他方，販売会社という目線に立つと，営業職員チャネルには特定の保険会社の商品しか取り扱えないという弱点があります。このチャネルはメーカーとして売ってもらいたい，各種保障をパッケージ化した看板商品を提供するための販売網であり，メーカーと流通はあくまで一体と考えるべきなのかもしれません。ただ，看板商品の魅力がいつまでも維持できるというのであればともかく，どの産業を見ても，マーケティングの基本は「メーカーが売りたい商品をいかに提供するか」ではなくなっており，「顧客が買いたいと思うような商品をいかに提供するか」にシフトしています。

　営業職員チャネルは銀行や保険ショップといった「新世界」とは，おそらく一種のすみ分けができているのだと考えられますが，「信用できる相手から話を聞いて買いたい」という顧客層であっても，比較検討を絶対にしたくないということではなく，保険は他の商品やサービスに比べるとわかりにくく，比較検討するのが難しい（あるいは面倒くさい）ので，「○○さんが薦めるのだから大丈夫」と割り切っているだけかもしれません。「長年△△さんと付き合っているので断りにくい」というのもあるでしょう。今の採用数や採用方法からすると，顧客ニーズに合ったオーダーメイドの保障を提供できるチャネルと言い切るのはやや無理があります（個人差が相当大きいと思われます）。メーカーが売りたい商品を提供するためのチャネルという姿勢のままでは，営業職員チャネルは販売会社としての競争力を維持できなくなるかもしれません。

2－5　損害保険の代理店チャネル

　第8章で説明したとおり，損害保険の販売は以前から代理店による販売が圧倒的なシェアを占めてきました。

　損害保険の代理店数は約17万店で，**図表11－5**のように，自由化直前の1995年には47万店だったことを考えると，かなり減っています（代理店数のピークは1996年の約62万店ですが，1996年から2000年までは生命保険会社ではなく，生命保険会社の営業職員が個々に代理店登録を行っていました）。

　2001年に業界共通の損害保険代理店制度が廃止となり，各社が独自に代理店手数料を決めるようになりました（完全自由化は2003年です）。損害保険会社は総じて扱い保険料に応じた手数料体系を採用し，代理店の大型化を促してきました。しかし，**図表11－6**のように，日本損害保険協会によると，代理店1店あたりの扱い保険料は年3797万円という水準です。保険専業の代理店であっても年8145万円なので，仮に代理店手数料率を保険料の18%とすると，手数料収入は年1466万円にすぎません（手数料は代理店にとっての売り上げであり，ここから人件費や物件費がかかります）。専業代理店1店あたりの募集従事者数が3.9人というデータもあり，少数ながら扱い保険料が数十億円規模の専業

【図表11－5】損害保険代理店数の推移

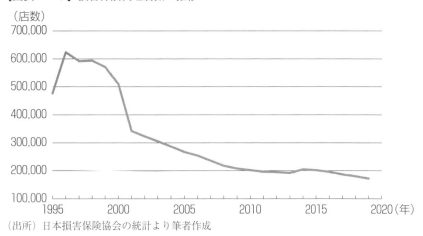

（出所）日本損害保険協会の統計より筆者作成

【図表11－6】代理店数，扱い保険料，募集従事者数

	合計	専業	構成比	兼業	構成比
代理店数(店)	172,191	31,748	18.4%	140,443	81.6%
扱い保険料(百万円)	6,537,772	2,585,818	39.6%	3,951,953	60.4%
1店当りの扱い保険料(万円)	3,797	8,145		2,814	
募集従事者数(人)	2,054,942	123,866	6.0%	1,931,076	94.0%
1店当りの募集従事者数(人)	11.9	3.9		13.7	

(出所) 日本損害保険協会の統計より筆者作成

代理店もありますので，多くの代理店の経営規模は依然として非常に小さいとわかります。

　損害保険会社の事業効率を見る指標に**事業費率**があり，正味収入保険料に占める事業費（「諸手数料及び集金費」と「保険引受に係る営業費及び一般管理費」の合計）の割合です。「諸手数料及び集金費」の多くは代理店手数料であり，「保険引受に係る営業費及び一般管理費」は保険会社の人件費や物件費，税金などとなっています。

　図表11－7のとおり，保険料や代理店手数料が自由化され，さらに，保険会

【図表11－7】事業費率の推移

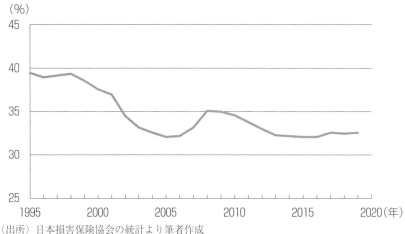

(出所) 日本損害保険協会の統計より筆者作成

社どうしの合併によって効率化が進んだため，自由化前には40％近かった事業費率は30％程度まで下がっています。ところが事業費の内訳ごとに見ると，下がっているのは「保険引受に係る営業費及び一般管理費」であり，「諸手数料及び集金費」の対保険料割合はむしろ高まっています。代理店数は減っていても，大型化によって手数料率の高い代理店の割合が増えたためと考えられます。

2－6　銀行による保険販売

　銀行による保険販売は2001年以降，段階的に認められていきました（**図表11－8**）。1996年からの「日本版ビッグバン（金融システム改革）」の一環として検討され，第一次解禁では住宅ローン関連の生損保が中心でしたが，その後は個人年金保険，一時払終身保険と解禁対象が広がり，2007年12月にはすべての保険商品の販売が可能となりました。

　ただし，保険契約者等の保護の観点（銀行が融資の見返りに保険を「圧力販売」するのを防ぐため，など）から，弊害防止措置が設けられています。例えば，事業性資金の融資先には，一部の商品を除き保険を販売できない（融資先募集規制），事業性資金の融資申し込みをしている顧客に保険を販売できない（タイミング規制）などの規制があります。

　第二次解禁で個人年金保険の販売が解禁されると，銀行は主に外資系生保と組んで，保険販売を積極的に展開しました。2008年までの主力商品は最低保証の付いた一時払いの変額個人年金保険で，値上がり期待と最低保証の安心感から人気を集めました。リーマンショック後のグローバル金融危機で変額個人年

【図表11－8】銀行窓販の解禁

```
2001年 4月　第一次解禁
・住宅ローン関連の団体信用生命保険や長期火災保険，海外旅行傷害保険など
2002年10月　第二次解禁
・個人年金保険，年金払積立傷害保険，など
2005年12月　第三次解禁
・一時払終身保険，養老保険（期間10年以下または一時払），個人向け損害保険
　（自動車保険を除く），など
2007年12月　全面解禁
```

金のブームは去りましたが，大手生保などが提供した円建ての一時払い貯蓄性商品が人気となり，金利水準が一段と下がると，今度は外貨建ての一時払い貯蓄性商品が販売の中心となりました。

　銀行による保険販売が成果を上げた背景には，預金金利がほぼなくなっていて，資金を安全に増やしたいという高額預金者（多くは高齢者）のニーズがあります。受取人を指定できて，かつ，相続税対策にもなるという保険ならではの特徴もあります。銀行としても，大口預金者が保険を購入してくれれば，預金保険料の負担が減りますし，保険会社から代理店手数料も入ります。利ざやの縮小に苦しむ銀行にとって，手数料収入の拡大は重要な経営課題です。

　しかし，問題も発生しています。独立行政法人国民生活センターが2020年に発表したニュースリリースによると，近年，外貨建て生命保険に関する全国の消費生活センターなどへの相談が多数寄せられているそうです。「定期預金をしたつもりが，外貨建て保険に加入していた」「元本保証ではなかった」「高齢の父あてに保険証券が届いたが，父は加入した覚えがないと言う」など，加入した商品が保険であり，外貨建てで元本割れのリスクがあることを理解していなかったり，意向とは異なる勧誘・契約が行われていたりと，手数料獲得に走る銀行の姿が浮き彫りになっています。

2－7　募集規制の見直し

　第7章で保険募集の基本的ルールの説明をしました。ルールが整備されたのは2014年の保険業法改正（2016年施行）と，比較的最近です（**図表11－9**）。

【図表11－9】2014年の保険業法改正

【保険募集の基本的ルールの創設】 ・意向把握義務の導入 ・情報提供義務の導入
【保険募集人に対する規制の整備】 ・保険募集人に対する体制整備義務の導入
【海外展開に係る規制緩和】
【保険仲立人に係る規制緩和】
【実態に合った顧客対応を可能とするための規制緩和】

この時の保険業法改正により，「意向把握義務」「情報提供義務」が導入されたほか，保険募集人に対する規制が整備され，保険会社が募集人の監督責任を負うという従来の枠組みに加え，監督当局が保険募集人を直接規制する枠組みが整備されました。

　保険流通に対する新たな規制ができた背景には，2000年代以降，**写真11－1**のような来店型の店舗で複数の保険会社の商品を提供する保険ショップが増えてきたことや，保険代理店への検査を行った監督当局が様々な問題を認識したことがあります。

　乗合代理店は，複数の保険会社から委託を受けて保険を販売しています。多くの乗合代理店は顧客本位の募集活動を心がけているとはいえ，保険仲立人とは異なり，あくまで保険会社を代理する立場です。このため，キャンペーンを実施し，高い手数料の得られる保険会社の商品を顧客に積極的に勧めるなど，顧客本位ではない募集活動が行われるおそれがあると指摘されてきました。また，専属代理店に比べると，乗合代理店は保険会社による管理・指導がおよびにくいこともあります。

　新たな枠組みとして，代理店の規模特性に応じた体制整備が求められるよう

【写真11－1】保険ショップの例

（注）筆者撮影

になりました。なかでも，規模が大きい特定保険募集人（代理店手数料が年10億円以上の乗合代理店など）に該当すると，保険会社ごとに取り扱い契約に関する帳簿書類を作成・保管することや，事業報告書の作成・監督当局への提出が必要となりました。

　本章では保険流通市場について，メーカーとしての保険会社からみた販売戦略，あるいは専属チャネルの「旧世界」と独立チャネルの「新世界」という切り口で市場の現状を紹介してきました。さらにもう１つの切り口として，「プッシュ」と「待ち」というのもありそうです。

　かつて保険は勧められて購入するものでした。営業職員チャネルにしても，訪問型の代理店や銀行も，どちらかと言えば「プッシュ」です。これに対し，保険ショップやネット通販は，顧客が訪問しなければ何も始まらない「待ち」のチャネルで，顧客が主導権を持ちやすいのが特徴です。保険は内容を理解したり，比べたりするのが簡単な商品・サービスではありませんが，それでも後者への支持が高まっていくのではないでしょうか。

この章のまとめ

・保険会社には「製販一体」「製販分離」の２モデルがある
・日本の生命保険業界は女性営業職員による月掛保険の訪問販売で成功
・保険流通市場では新たな販売網が登場し，多様化している

第12章 保険産業に対する規制

この章では次のことを学びます

- ・「護送船団」行政の時代とはどのようなものだったのか
- ・現在の健全性確保を主眼とした監督規制はどのようなものか
- ・現在の保険行政の担い手は誰か

1 保険産業に対する規制

1-1 保険会社の経営の健全性確保

　保険産業は主として保険業法により，様々な規制のもとで業務を行っています。保険の販売（募集）も無届出で行うことはできません。

　第7章で述べたとおり，保険業法の目的は保険契約者の保護であり，その主な内容は「保険会社の経営の健全性を確保すること」「保険契約者の利益を守ること」の2つです。このうち後者はすでに説明していますので，本章では前者を中心にお話しします。

　保険会社はリスク移転を通じて経済や社会を支えていますので，もし保険会社が健全性を十分確保せず，経営が破綻してしまうようなことがあると，経済的，社会的な影響は非常に大きいと考えられます。事故が起こった場合，約束どおり保険金が支払われなければ，人々は安心して暮らせません。民間の保険は社会保障の補完的な役割も果たしています。

　しかし，一般の契約者が保険会社の経営を監視し，必要に応じた対応を行うのは難しく，かつ，コストもかかります。そこで政府が保険会社の健全性を確保する規制を設け，監督を行っているのです。

1－2 「護送船団」行政の時代

　監督規制のあり方は常に同じではありません。現在の健全性規制を理解するうえで，過去の護送船団行政の時代を振り返ってみましょう。

　1995年までの旧保険業法は，監督当局（大蔵省）に広範な権限を与え，経営のあらゆる段階において具体的に監督する実体的監督主義の方式が採用されていました。事業範囲，商品内容，保険料率，契約者配当，募集制度，資産運用のいずれも競争制限的な規制があり，新規参入は少なく，価格競争はなく，商品内容は横並びでした。

　当時の大蔵省が生命保険会社の健全性確保という観点から進めていたのは，純保険料式責任準備金の積み立てを促すことでした。責任準備金の代表的な積み立て方式には「純保険料式」と「チルメル式」があります。生命保険では新契約の獲得時に多額のコスト（新契約費）がかかります。純保険料式はこの新契約費を考慮せず，既契約からの収益などをもとに初年度から純保険料に見合った責任準備金を積んでいく方式です。新契約費を考慮して初年度の責任準備金を低い水準にとどめ，その後一定期間をかけて必要な水準を達成するチルメル式（**図表12－1**）よりも高い水準の責任準備金となりますが，チルメル期間を過ぎれば両者の水準は一致します。

　当時は生命保険会社の多くが相互会社形態であり，かつ，膨大な株式含み益が経営バッファーとして認識されていたため，大蔵省は内部留保による支払余力の充実を進めるよりは，契約者への還元を重視していたとみられます。

【図表12－1】チルメル式責任準備金

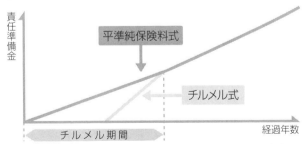

（出所）（一社）生命保険協会「生命保険会社のディスクロージャー虎の巻」

しかし，結論から言えば，当時の護送船団行政は生命保険会社の経営悪化を食い止めることができませんでした。

　純保険料式でもチルメル式でも，現行会計における責任準備金は，新契約を獲得した時点の予定利率で割り引いて計算しています（ロックイン方式と言います）。その後の金利水準が下がっても，ロックイン方式の責任準備金では，計算に使う割引率（予定利率）は変わりません。その結果，契約獲得時の予定利率が高い場合には，金利が下がると責任準備金の積み立て水準が薄くなってしまうのです。こうした弱点に対し，旧保険業法下での保険行政はほとんどノーチェックだったようです。筆者の調査によると，当時の大蔵省は資産内容を厳しく確認するなど，財務面に関しては銀行と同じような切り口で生保を見ていた可能性が高く，バブル崩壊後の株価下落で含み益もなくなってしまい，バブル期に実行したハイリスク・ハイリターン型の投融資の失敗も相まって，多くの中堅生命保険会社が1990年代半ばに経営危機に陥りました。

　いくら強力な監督権限を持っていても，生命保険会社の事業特性を踏まえた監督をしなければ，経営悪化を食い止めることができないのは当然かもしれません。2000年前後に相次いだ経営破綻は，自由化によって引き起こされた副産物ではなく，護送船団行政時代の負の遺産でした。

　他方，損害保険会社でも1980年代後半から90年代初頭にかけて，予定利率の高い積立保険を積極的に販売し，保険期間が超長期におよぶものも登場しました。さらには損害保険会社の枠を超えた総合金融機関を目指す動きもありました。ただし，結果として積極展開を始めた時期が遅かったうえ，大規模な自然災害に備えて異常危険準備金を積み立てるしくみがあるなど，生命保険会社よりも支払余力（当時は「担保力」と言いました）を重視する考えや枠組みがありました。何といってもカルテル保険料率制度のおかげで主力商品の価格競争がなく，しかも多くの保険が1年契約で，必要に応じた業界一斉の料率見直しが可能だったことは大きく，保険行政は生命保険会社に比べると，健全性の確保に成功していたと言えそうです。

2 現在の監督規制

2－1 参入・業務範囲の規制

　1995年の保険業法の全面改正により，保険会社にある程度の自由な競争を認める新たな規制体系となりました。現在の健全性確保を主眼とした監督規制について見ていきましょう（通常の保険会社と少額短期保険業者の規制は異なりますので，ここでは保険会社の規制を取り上げます）。

　まず，参入・業務範囲の規制です。保険事業は免許制で，生命保険事業を行うには生命保険業免許または外国生命保険業免許を，損害保険事業を行うには損害保険業免許または外国損害保険業免許を監督当局（金融庁）から取得しなければなりません。保険業法第5条に免許審査基準の規定があり，「保険会社の業務を健全かつ効率的に遂行するに足りる財産的基礎を有している」「当該業務に係る収支の見込みが良好である」「保険契約の内容が，保険契約者等の保護に欠けるおそれのないものである」などの基準に沿って，内閣総理大臣（実質的には金融庁）が審査をします（**図表12－2**）。

　免許取得が新規参入の壁となっているのは旧保険業法の時代と同じですが，参入状況から判断すると，実質的な壁は低くなっているようです。

【図表12－2】免許審査基準（保険業法第5条より）

1　申請者が保険会社の業務を健全かつ効率的に遂行するに足りる財産的基礎を有し，かつ，申請者の当該業務に係る収支の見込みが良好であること。
2　申請者が，その人的構成等に照らして，保険会社の業務を的確，公正かつ効率的に遂行することができる知識及び経験を有し，かつ，十分な社会的信用を有する者であること。
3　「事業方法書」「普通保険約款」に記載された事項が次に掲げる基準に適合するものであること。 　・契約内容が保険契約者等の保護に欠けるおそれがない　など
4　「保険料・責任準備金の算出方法書」に記載された事項が次に掲げる基準に適合するものであること。 　・保険数理に基づき，合理的かつ妥当なものである　など

【図表12－3】 生損保相互参入の例

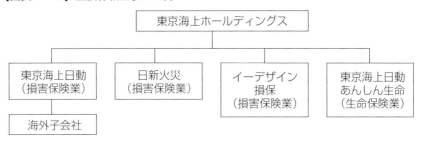

旧保険業法では生命保険と損害保険の兼営は禁止されていました。生命保険と損害保険ではリスクの性質がちがい，健全性確保の観点から，両者を遮断するためと考えられます。現在は子会社を通じた相互参入が可能ですし，持株会社が生命保険会社と損害保険会社を同時に持つこともできます（**図表12－3**）。

保険会社が行うことのできる業務には制限があり，**図表12－4**の「固有業務」「付随業務」「法定他業（その他の業務）」のほかは行うことができません（業務範囲規制）。保険会社の業務を制限しているのは，保険会社を保険事業に専念させることや，他の事業のリスクが保険事業に波及するのを避けるためです。ただし，規制緩和の流れを受けて，保険会社の業務範囲は広がる方向にありますし，子会社や持株会社ではより広い業務を行うことが可能です。

【図表12－4】 業務範囲規制

【固有業務】	・保険の引き受け ・有価証券の運用
【付随業務】	・他の保険会社の代理 ・債務の保証　など
【その他の業務】	・投資信託の販売　など

注：子会社では保険会社，銀行業，証券業が可能

2−2 財務面の健全性規制

　財務面の健全性を確保するための規制には、「標準責任準備金制度」「保険計理人」「ソルベンシー・マージン比率」「早期是正措置」「早期警戒制度」などがあります。

標準責任準備金制度

　保険業法では「保険会社は，毎決算期において，保険契約に基づく将来における債務の履行に備えるため，責任準備金を積み立てなければならない」と定めています（第116条）。さらに「長期の保険契約で内閣府令で定めるものに係る責任準備金の積立方式及び予定死亡率その他の責任準備金の計算の基礎となるべき係数の水準については，内閣総理大臣が必要な定めをすることができる」とあり（第116条2項），これが標準責任準備金制度です。

　旧保険業法では各社が設定した予定利率で責任準備金を算出していましたが，標準責任準備金は政府が定めた保守的な「標準利率」「標準死亡率」をもとに責任準備金を積み立てる決まりです（標準責任準備金制度の対象ではない長期契約もあります）。政府が標準利率と標準死亡率を定めることで，責任準備金の積立水準を確保するとともに，過度な保険料競争を防ぐ効果も期待できます（保険料を低く設定してしまうと責任準備金の積み立てが難しくなるため）。

保険計理人

　標準責任準備金もロックイン方式である点は旧保険業法時代と同じなので，金利が下がると責任準備金の積み立て水準が薄くなるという弱点は変わりません。そこで，保険会社が「保険計理人」を選任し，保険計理人が責任準備金の適正さを確認するという規制を設けています。

　保険会社の取締役会は，保険数理に関する知識や経験を持つ専門家（アクチュアリーと言います）を保険計理人として選任しなければなりません。選任された保険計理人が保険料や責任準備金，契約者配当といった保険数理に関する事項に関与することで，保険会社の健全性を確保するのがねらいです。

　保険計理人は毎決算期において，責任準備金が適切に積み立てられているこ

とを確認し，その結果を記載した意見書を取締役会に提出することになっています（意見書のコピーを金融庁に提出）。責任準備金の確認は期末時点だけでなく，保守的な前提やシナリオに基づいた将来収支分析を行い，将来の責任準備金が不足し，保険計理人が必要と判断すれば，責任準備金を追加的に積み立てるべきという意見書を作成しなければなりません。

　なお，保険計理人の確認事項は責任準備金のほか，契約者配当の分配が適正に行われているか，保険事業の継続性分析，後述するソルベンシー・マージン比率の適正さなどがあります。

ソルベンシー・マージン比率

　保険会社は通常予測できる範囲のリスクについては責任準備金を積み立てていますが，さらに現行の保険業法では，通常の予測を超えるリスクに対しての支払余力（ソルベンシー・マージン）を求めています。通常の予測を超えるリスクをリスク種類ごとに定量化して，各リスクの合計額と支払余力を対比した指標がソルベンシー・マージン比率です（**図表12－5**）。

　銀行に対しては，いわゆるバーゼル規制と呼ばれる自己資本比率規制が導入されています。ソルベンシー・マージン比率はその保険会社版と言ってもいいかもしれません。ただし，国際統一基準ではなく，日本独自の基準です。

【図表12－5】ソルベンシー・マージン比率の計算方法

$$\text{ソルベンシー・マージン比率} = \frac{\text{ソルベンシー・マージン総額}}{\text{リスクの合計額} \times 1/2}$$

ソルベンシー・マージン総額 ＝ 支払余力（広義の純資産）
リスクの合計額＝保険リスク，予定利率リスク，資産運用リスク，経営管理リスクなど

早期是正措置と早期警戒制度

　ソルベンシー・マージン比率は「早期是正措置」の発動基準となっています。比率が一定水準を下回ると金融庁は行政命令を出し，健全性確保を図ります。例えば，ソルベンシー・マージン比率が200％を下回った会社に対し，金融庁

【図表12−6】　早期是正措置の発動基準

区分	ソルベンシー・マージン比率	措置の内容
非対象区分	200％以上	なし
第一区分	100％以上200％未満	経営改善計画の提出と実行
第二区分	0％以上100％未満	支払能力の充実計画の提出と実行 株主配当の禁止や抑制 契約者配当の禁止や抑制 新規契約の保険料計算方法の変更 役員賞与の禁止や抑制　など
第三区分	0％未満	期限を付した業務の全部または一部の停止

は経営改善計画の提出と実行を求めます（比率が200％を下回るとは，リスクの合計額を下回るソルベンシー・マージンしか確保できていないことを意味します）。0％を下回った会社には，業務の全部または一部の停止命令を出し，破綻処理に移ります（他に「実質純資産」という基準もあります）。

　早期是正措置は文字通り，経営内容が悪化した会社を早期に発見し，早期に是正するための制度です。あらかじめ発動基準を示すことで，行政の透明性を確保するねらいもあります。ただし，現実には直近時点まで比率が200％を上回っていた会社が相次いで破綻することとなってしまいました。

　そこで，ソルベンシー・マージン比率が200％以上であっても，健全性の維持および一層の向上を図るため，2003年から「早期警戒制度」を導入しています。収益性や信用リスク，市場リスク，流動性リスクについて保険会社へのモニタリング（報告徴求およびヒアリング）を行い，必要に応じて業務改善命令を出すなどして，早め早めの経営改善を促すというものです。2011年からはリスク管理に関するヒアリングも実施されるようになり，現在では「リスクとソルベンシーの自己評価（ORSA）」として制度化されています。

2−3　商品・料率に関する規制

　旧保険業法の時代に比べると，現在は商品内容が多様になりました。また，同じ保障（補償）内容であっても，会社によって保険料がちがうこともあります。ただし，商品・料率の自由化が進んだとはいえ，保険会社が自由に商品を

提供できるわけではありません。

　保険会社は金融庁が審査し，認可した商品しか販売できません（正確には免許取得時の基礎書類を変更するという形で商品審査が行われます）。保険契約者等の保護の観点から，保険業法および保険業法施行規則に保険商品の審査基準が示されています（**図表12－7**）。

　商品認可制度のほかにも健全性を確保する枠組みがあります。生命保険の場合，前述の標準責任準備金制度が過度な保険料競争を防ぐ役割を果たしています。個人向け損害保険では，損害保険料率算出機構が算出・提供する「参考純率」が過当競争の防止に一定の役割を果たしていると考えられます。保険会社には参考純率を使用する義務はありませんが，参考純率は会員会社（2020年現在で35社）などから大量データを収集して作成しているので，信頼性の高い料率として活用されています。料率算出機構が提供しているのは自動車保険，火災保険，傷害保険などの参考純率で，保険料のうち純保険料部分の料率です。

　なお，生命保険，損害保険ともに，付加保険料部分の料率は2006年に自由化されています（監督当局による事後モニタリングがあります）。

【図表12－7】保険商品の審査基準（保険業法第5条より）

【第5条1項3号】
・契約内容が保険契約者等の保護に欠けるおそれがない
・契約内容が特定の者に対して不当な差別的取扱いをするものでない
・契約内容が公の秩序や善良の風俗を害する行為を助長し，または誘発するおそれがない　など

【第5条1項4号】
・保険料や責任準備金の算出方法が，保険数理に基づき，合理的かつ妥当なものである
・保険料が特定の者に対して不当な差別的取扱いをするものでない　など

コラム 損害保険料率の自由化と第三分野の参入自由化

＜損害保険料率の自由化の経緯＞
　保険業法の全面改正（1995年公布）
　　・商品・料率の一部届出制の導入
　　・料率算定会制度の見直し
　　・ただし，「大口契約向け」「付加保険料部分」などに限定

　日米保険協議が決着（1996年12月）
　　・算定会料率の使用義務廃止
　　・リスク細分型自動車保険の解禁（地域料率の設定解禁）

　⇒ 自由化は米国の市場開放要求により実現した

＜第三分野の参入自由化の経緯＞
　1995年まで
　　・大手生保は販売を自粛（特約のみ取り扱い）
　　・中堅生保および外資系生保が商品を提供
　　・損保は傷害保険のみ提供

　保険業法改正（1995年）以降
　　・生損保の相互参入解禁とともに，大手社による第三分野商品の提供も解禁
　　　となるはずだった
　　・ところが日米保険協議（1996年）の結果，大手社による参入解禁は延期と
　　　なった

　2001年に全面解禁

　こうした過去の経緯を見ると，規制緩和とは「あるべき姿」に向かって段階的
に進んでいったのではなく，日米保険協議のような「事件」が大きな役割を果た
してきたことがわかります。ですから，現在の規制を理解するには，過去に何が
起きたかを知る必要があるのです。

2－4　資産運用についての規制

　旧保険業法では資産運用の方法と運用限度を細かく規定し，保険会社はこれらを反映した「財産利用方法書」を作成し，監督当局の認可を得る必要がありました。1995年の業法改正で財産利用方法書は廃止になりましたが，資産運用方法と運用限度の規定はしばらく残りました。

　法令で認められている資産運用方法は**図表12－8**のとおりで，現在も規制として存続しているものの，実務上の大きな制約とはなっていない模様です。他方，運用限度（資産別運用比率規制）が廃止になったのは2012年のことで，それまでは総資産に対する資産種類ごとの上限が定められていました（国内株式30％，外貨建資産30％，不動産20％など）。

　保険会社にとって資産運用に関するリスクは重要であり，過去の破綻事例でも，資産運用に失敗した会社が支払余力を悪化させたケースが目立ちます。ですから，株式や外貨建資産などの保有に上限を設けるという規制の考え方もわからなくはありません。しかし，資産別運用比率規制は保険会社による資産運用の制約となるだけでなく，画一的かつ資産面だけに限定した規制であり，保険会社による自主的なリスク管理の妨げとなりかねません。そこで，ソルベンシー・マージン比率の厳格化（2011年）を受けて，廃止されました。

　なお，資産運用に関する規制には，同一人・グループに対する資産運用制限を定めた大口信用供与規制もあります。

【図表12－8】法令で認められている資産運用方法（施行規則47条）

・有価証券	・預貯金
・不動産	・金銭，金銭債権，有価証券，不動産等の信託
・金銭債権	・有価証券関連等のデリバティブ取引
・短期社債等	・先物外国為替取引　など
・金地金	
・金銭の貸付け	
・有価証券の貸付け	

3 保険行政の担い手

3－1 大蔵省から金融庁へ

　保険行政は長く大蔵省が担っていました（農商務省，商工省を経て，1941年から担当）。護送船団行政の時代は大蔵省銀行局保険部が保険行政を所管していた時期と重なります。

　現在の保険行政の担い手は**金融庁**です。金融庁は2000年に設置された比較的新しい官庁で，中央省庁等改革により，金融監督庁（1998年発足）を経て，内閣府の外局として設立されました。

　金融庁は金融制度の企画立案から金融機関の検査・監督まで一貫して担当しています（**図表12－9**）。銀行，保険会社，金融商品取引業者などの各業態を横断的に所管しているのも特徴です（米国やタイのように銀行行政と保険行政を別々の組織が担っている国もあります）。そのほか，金融市場の取引ルール設定や企業会計基準の設定，公認会計士・監査法人の監督なども行っています。

　保険行政のうち，保険に関する制度の企画・立案は原則として企画市場局総務課の保険企画室が担当（財務面の健全性規制の見直しは監督局保険課が担

【図表12－9】金融庁の組織

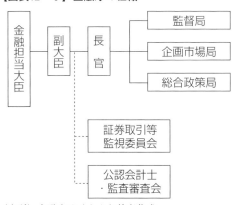

（出所）金融庁サイトより筆者作成

当）し，保険会社の監督は監督局保険課が担当しています。その他，総合政策局の総務課国際室やリスク分析総括課なども保険行政の担い手です。

金融庁は地方金融機関（少額短期保険業を含む）の検査・監督や保険募集人の登録など，一部の業務を各地の財務局（財務省の地方支分部局）などに委任しています。

3－2　金融処分庁から金融育成庁へ

近年の金融庁は金融行政の改革に取り組んでいます。

発足当初の金融庁（金融監督庁）は，金融機関のコンプライアンス（法令等遵守）意識の徹底を図り，金融検査では厳格な個別資産査定を行うなど，金融行政への信頼回復と不良債権問題の解決を目指す「金融処分庁」スタイルでした。この結果，不良債権問題は収束し，一定の信頼回復も図られました。

しかし，いつまでも「金融処分庁」スタイルを続けていると，行政が「形式・過去・部分」に集中してしまい，重箱の隅をつつくだけで新たな重要な課題に対処できなくなり，むしろ金融機関による創意工夫の妨げとなってしまいます。こうした問題意識から，金融庁は金融行政の目標を「企業・経済の持続的成長と安定的な資産形成等による国民の厚生の増大」と明確化したうえで，視野を「実質・未来・全体」に広げ，いわば「金融育成庁」スタイルの行政への転換を図ろうとしています（**図表12－10**）。

例えば，2018年に金融庁が公表した「金融検査・監督の考え方と進め方（検査・監督基本方針）」では，金融機関が求められる最低基準を充足しているかどうかを確認（最低基準検証）したうえで，それが将来にわたり確保できるかどうかを評価し，金融機関に早い段階で改善に向けた対応を求めていくとしています（動的な監督）。さらに，金融機関がベスト・プラクティス（優れた業務運営）を追求し，主体的に創意工夫を発揮できるよう，情報開示を促し，金融機関と対話を行います（見える化と探究型対話）。

特に保険行政に関しては，金融庁はここ数年，保険会社に対して顧客本位の業務運営を促すとともに，自然災害の多発・激甚化や感染症拡大などの環境変化を踏まえ，保険会社が健全かつ持続可能なビジネスモデルを築けているか，各社と対話を行っています。

【図表12-10】「形式・過去・部分」から「実質・未来・全体」へ

形式	実質
－ 担保・保証の有無やルール遵守の証拠作りを必要以上に重視	－ 最低基準（ミニマム・スタンダード）が形式的に守られているかではなく，実質的に良質な金融サービスの提供やリスク管理等ができているか（ベスト・プラクティス）へ
過去	未来
－ 足元のバランスシートや過去のコンプライアンス違反を重視	－ 過去の一時点の健全性の確認ではなく，将来に向けた健全性が確保されているか
部分	全体
－ 個別の資産査定に集中、問題発生の根本原因の究明や必要な対策の議論を軽視	－ 特定の個別問題への対応に集中するのではなく，真に重要な問題への対応ができているか

視野の拡大

（出所）金融庁「金融検査・監督の考え方と進め方（検査・監督基本方針）」

この章のまとめ

・かつての保険業界は競争制限的な規制のもとで事業を行っていた

・現在は保険会社にある程度の自由な競争を認める規制体系となっている

・金融庁は保険行政だけでなく，各業態を横断的に所管

第13章 保険会社の経営破綻

この章では次のことを学びます

- ・保険会社はどうなったら破綻するのか
- ・2000年前後に中堅生保がなぜ相次いで破綻したのか
- ・保険会社の破綻処理とはどのようなものか

1 保険会社の経営破綻

1−1 金融危機の時代

　金融危機と言えば，2008年秋のリーマン・ショック（米国大手投資銀行リーマン・ブラザーズの経営破綻）に始まるグローバル金融危機をイメージするかもしれません。しかし，日本ではその10年前に大手銀行や大手証券会社，保険会社が相次いで破綻し，投資家ばかりでなく，預金者や保険契約者にも動揺が広がり，信用収縮によって経済もダメージを受けるといった金融危機が発生しています。過去の話とはいえ，金融危機は現実に起こりうる事象です。

　生命保険では**図表13−1**のとおり，日産生命保険の経営破綻（1997年4月）が，終戦後の金融機関再建整備法による処理を除けば，戦後初めての生保破綻となり，「生保の安全神話　崩壊」などと報じられました（1997年4月26日の日本経済新聞）。破綻の影響は他の保険会社にも波及し，解約が増えました。さらに，銀行とはちがい，日産生命が契約者負担の大きい破綻処理となったことや，11月に三洋証券（戦後初めて短期金融市場で債務不履行が発生），北海道拓殖銀行（大手銀行初の破綻），山一證券（4大証券の一つが破綻）と主要な金融機関が相次いで経営破綻したこともあり，経営内容が悪化した保険会社で

【図表13−1】 1997年〜2003年の生保危機

1997年	日産生命保険が経営破綻　※戦後初の生保破綻
	＜大手銀行や証券会社の経営破綻が相次ぐ＞
	＜生保不安の高まりなどから解約が急増＞
1999年	東邦生命保険が経営破綻
2000年	第百生命保険，大正生命保険，千代田生命保険，協栄生命保険が相次いで経営破綻
2001年	東京生命保険が経営破綻
	＜大手生保の一部も経営危機に陥るが，破綻は回避＞
2003年	保険業法改正で破綻前の予定利率引き下げが可能に

解約の動きが一段と加速するようになりました。

　その後，経営内容の悪化した生命保険会社は内外金融機関との資本・業務提携による経営再建を模索しますが，多くは実を結ばず，1999年には東邦生命保険が破綻し，2000年から2001年には，第百生命保険，大正生命保険，千代田生命保険，協栄生命保険，東京生命保険が相次いで破綻に追い込まれるという事態になりました。

　生保不安は大手にもおよび，なかでも朝日生命保険は，検討していた東京海上火災保険（当時）との経営統合が最終合意に至らなかったことなどから顧客離れが一気に進み，一時は経営危機に陥りました。明治生命と安田生命が合併を発表したのもこの時期（2002年1月）です。2003年に政府がりそなグループを実質国有化し，低迷していた株価が上昇基調となったこともあり，大手生保の経営破綻は避けられましたが，危機の時代に低下した経営体力の回復にはしばらく時間がかかりました。

　なお，保険会社の破綻処理については第7章で説明したとおりです。

1−2　保険会社はどうなったら破綻するか

　第10章でも触れていますが，生命保険会社の経営リスクとして重要と考えられるものは，「保険引受リスク」「市場リスク・信用リスク」「ALMリスク（特に金利リスク）」です。過去の破綻事例を見ると，予想外の保険金支払いが発生したというものはなく，資産運用の失敗（市場リスク・信用リスク）や不良

【図表13－2】 破綻に至った直接の要因（主なもの）

日産生命保険	金融機関との提携で予定利率の高い個人年金保険を集めすぎた 不適切な決算対策が傷口を広げた
東邦生命保険	高利率の資産性商品を大量販売 不動産関連投融資などハイリスク・ハイリターンの運用に傾斜 経営トップとその周辺が不適切な経営を行っていた
第百生命保険	余裕のない収益構造のなかで，様々な要因が一気に表面化 （低収益構造や資産規模の急拡大，不適切な資産運用など）
大正生命保険	収益力の悪化と不良債権問題で支払余力が低下 筆頭株主による詐欺事件に巻き込まれて破綻
千代田生命保険	高利率，高配当の貯蓄性商品の販売で資産が急拡大 不動産関連などリスクの大きい資産運用に傾斜 政策保有株式の問題
協栄生命保険	一時払養老保険で多額の逆ざやが発生 資産運用の失敗も傷口を広げた
東京生命保険	様々な問題が一気に顕在化 （低収益構造や資産規模の急拡大，不適切な資産運用など）

（出所）植村信保『経営なき破綻 平成生保危機の真実』などから作成

債権問題（信用リスク），多額の逆ざや発生（ALMリスク）など，金融市場変動による影響を強く受けたことがわかります（**図表13－2**）。

1997年からの金融危機の際，金融市場の機能が著しく低下してしまったため，預金流出に見舞われた銀行は資金繰りに苦しみました。中堅生保のなかには多額の解約返戻金に備え，厳しい資金繰りに直面した会社もあったとみられます。ただ，歴史の長い会社であれば，平準払い契約からの保険料が継続的に入ってきますし，保有資産には国債など流動性の高い資産も多く，資金繰りに窮して自力再建を断念した会社はありませんでした。この点は他の金融機関や事業会社とはかなり異なります。

他方，過去には損害保険会社の経営破綻もありました。2000年には第一火災海上保険が，2001年には大成火災海上保険が，それぞれ経営破綻しています。損害保険会社は保険として引き受けるリスクが多岐にわたりますし，保有する資産の市場リスクや信用リスクも無視できません。特に日本の損害保険会社は多額の株式を保有していたため，株価下落の影響を強く受けました。

ただし，第一火災は貯蓄性の強い長期（5〜10年）の損害保険を主力としていた珍しい会社で，破綻した中堅生保と同様に「市場リスク・信用リスク」とともに「ALMリスク（特に金利リスク）」が問題となりました。

　大成火災が破綻に至ったのは，特定の海外再保険取引の管理に失敗し，多額の損失を被ることになったためです。大成火災は1970年代から他の保険会社とともに米国代理店が管理する再保険プールに参加し，海外再保険取引を行っていました。ところが2000年頃には**図表13－3**のように，引き受けた再保険の大半がハイリスク・ハイリターン型の航空保険となっていて，しかも，プールのリスク管理として行っていた出再保険が通常のリスク移転目的の再保険ではなく，リスク移転が実質的に行われない（いったん受け取った保険金を後で返済する）非伝統的な再保険となっていました。大成火災の経営陣がこのような再保険取引の内容をどこまでつかんでいたのかは定かではありませんが，2001年に米国同時多発テロ事件を含め，航空事故が相次いだ結果，プール参加者に多額の保険金支払い義務が発生し，大成火災は破綻に追い込まれました。

【図表13－3】大成火災の海外再保険取引

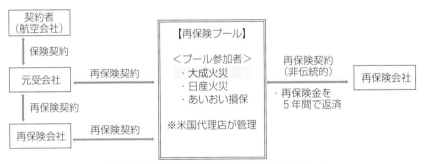

（出所）あいおい損保 会社説明会資料（2001年12月）などから筆者作成

2 平成生保危機

2－1 中堅生保がなぜ相次いで破綻したのか

　1997年から2001年にかけて生じた中堅生保の経営破綻について，拙著『経営なき破綻 平成生保危機の真実』をもとに深掘りしてみましょう。

　経営破綻の背景に，バブル経済崩壊後の厳しい経営環境という外的要因があったのは確かです。日経平均株価は1989年末の38,915円から，2001年9月には1万円を割り込みました。地価も下がり，銀行ほど深刻ではなかったとはいえ不良債権問題も経営を圧迫しました。加えて，金利水準の低下は生保経営にとって大打撃です。日本銀行が景気テコ入れのために実施した金融緩和政策により金利は歴史的な低水準となり，それが常態化しました。

　図表13－4は1989年度末と2002年度末の生命保険業界全体の貸借対照表の変化をざっくり示したものです。1989年度末を見ると，大蔵省が支払余力の充実を促してこなかったことから純資産は小さいものの，簿外に多額の株式含み益があり，実質的な支払余力となっていました。長期金利の水準は高く，責任準備金が過小評価されているということもありませんでした。しかし，これが

【図表13－4】貸借対照表の変化

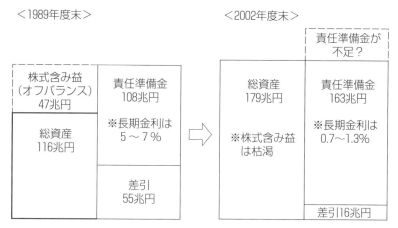

2002年度末になると，株価下落によって含み益が枯渇しただけでなく，金利水準が下がったことで，責任準備金がおそらく過小評価の状態となってしまいました。つまり，生保の支払余力はこの間，大きく毀損してしまったのです。

　護送船団行政時代の大蔵省が，金利水準が下がると高利率契約の責任準備金の積み立て水準が薄くなってしまうという弱点があるにもかかわらず，特段手を打たなかったというのは第12章で紹介したとおりです。「当局（大蔵省）の関心は単年度の決算と資産内容，各部門の業務確認に集中しており，責任準備金の検査は1999年の金融監督庁検査が初めてだった」という，破綻した千代田生命保険の関係者による証言もあります。

　さらに，中堅生保に特有の要因として，バブル期の規模拡大競争がありまし

【図表13－5】 中堅生保の規模拡大競争

(単位：億円，%，倍)

<1985年度>			<1989年度>			対85年度
	総資産	シェア		総資産	シェア	
日本	126,027	23.4%	日本	248,814	21.4%	2.0
第一	83,484	15.5%	第一	173,608	14.9%	2.1
住友	69,882	13.0%	住友	148,617	12.8%	2.1
明治	45,661	8.5%	明治	100,856	8.7%	2.2
朝日	40,904	7.6%	朝日	79,545	6.8%	1.9
三井	30,662	5.7%	三井	63,028	5.4%	2.1
安田	26,374	4.9%	安田	54,209	4.7%	2.1
太陽	23,534	4.4%	千代田	45,189	3.9%	2.6
千代田	17,058	3.2%	太陽	44,005	3.8%	1.9
東邦	14,752	2.7%	東邦	40,759	3.5%	2.8
協栄	12,124	2.3%	協栄	30,009	2.6%	2.5
第百	10,599	2.0%	日本団体	24,950	2.1%	3.1
富国	9,029	1.7%	大同	24,556	2.1%	2.9
大同	8,453	1.6%	第百	23,613	2.0%	2.2
日本団体	7,975	1.5%	富国	21,620	1.9%	2.4
東京	4,049	0.8%	日産	16,270	1.4%	4.4
日産	3,680	0.7%	東京	10,091	0.9%	2.5

(出所) 植村信保『経営なき破綻 平成生保危機の真実』

た。営業職員による訪問販売という大手と同じビジネスモデルを採用していた中堅生保では，顧客基盤，営業職員組織の規模や生産性で勝る大手生保に水をあけられるばかりでしたが，この時期は財テク性の強い商品を開発すれば，利回りの魅力で販売を増やすことができました。なかでも日産生命保険が銀行ローンで保険料を一括払いする商品を開発し，資産規模をわずか4年間で4倍以上に増やしたことが他の中堅生保に大きな衝撃を与え，各社は貯蓄性商品の販売に邁進しました。この時期に規模を急拡大させ，業界順位を上げた中堅生保は，2社を除きすべて経営破綻しています（**図表13－5**）。

2－2　会社の内部では何が起きていたのか

これまで見てきたような外的要因が中堅生保の破綻に少なからず影響を与えたのは間違いないでしょう。ただし，各社の経営内部を調べたところ，外的要因だけで破綻が生じたわけではなく，個々の会社には経営危機につながるような何らかの内的要因があり，そこに外的要因が重なることで破綻リスクが高まったということが見えてきました。

以下，いくつかの事例について紹介しましょう。

日産生命保険

日産生命を破綻に追い込んだ最大の経営行動は，1980年代後半に金融機関との提携で予定利率の高い個人年金保険を集めすぎてしまったことです。

1986年に一時払い保険料（全期前納保険料）を銀行ローンで支払うシステムを開発し，翌年，個人年金保険に導入した「年金保険ローン」を銀行が積極的に取り扱ったため，大ヒット商品となりました。**図表13－6**のとおり，日産生命の総資産はわずかの期間で数倍にも膨らみ，この間の保険料収入の大半が一時払いの個人年金保険となったため，1989年度末には責任準備金に占める個人年金の割合が56％にも達しています（業界全体では7％）。

日産生命の内部には，急激な規模拡大と特定商品への過度な集中にブレーキをかける動きはなかったのでしょうか。当時の本社スタッフによると，「利回り負担を財務部門（資産運用部門）と数理部門が問題視していたが，営業部門を抑えられなかった」「総資産が1兆円を超えたころに保険計理人が経営陣に

（単位：億円，％）

	日産生命		全社合計	
		前年比		前年比
1985年度	3,680	19.1%	538,706	17.8%
1986年度	4,441	20.7%	653,172	21.2%
1987年度	6,964	56.8%	792,684	21.4%
1988年度	13,230	90.0%	970,828	22.5%
1989年度	16,270	23.0%	1,173,439	20.9%
1990年度	18,555	14.0%	1,316,188	12.2%
1991年度	19,443	4.8%	1,432,341	8.8%
1992年度	20,285	4.3%	1,560,111	8.9%
1993年度	21,029	3.7%	1,691,221	8.4%
1994年度	21,461	2.1%	1,779,655	5.2%

（出所）植村信保「経営なき破綻 平成生保危機の真実」

対し，非公式に警告を出している。しかし，経営に全く生かされなかった」「社長には『○○だから大丈夫』という情報ばかり上がっていた」と言います。表面的な数値がよかったことも，拡大に歯止めをかけられなかった一因です。

　さらに，販売の主導権を提携先の金融機関が握り，コントロールが利かなくなったという面もあったようです。「年金保険ローン」は高利回りの魅力だけでなく，銀行にとっても魅力的な商品でした。ローン提供による利ざやのほか，系列の保険代理店には販売手数料が入ります。しかも，銀行は保険証券に質権を設定し，日産生命が破綻しないかぎり，ローンが回収不能になることはありませんでした。1990年代に入り，運用環境の悪化を受けた日産生命が銀行に販売抑制を求めても，銀行はなかなか応じなかったそうです。

千代田生命保険

　大手生保の一角を占めていた千代田生命が経営危機に陥った主な要因は次の3点と考えられます。

　・高利率・高配当の貯蓄性商品（特に団体年金保険）の販売で資産が急拡大
　　したこと

・高利回りを確保するため，不動産関連やノンバンクなどのリスクの大きい投融資に傾斜したこと

・大口企業保険契約の見返りに株式を大量に購入したこと

　バブル期の積極的な投融資が裏目に出て，多額の不良債権に苦しむというのは，当時の日本の金融機関には珍しい話ではありませんでした。ところが千代田生命の場合，後に不良債権となった大口問題案件の実行時期が1988～90年の２年半に集中していたという特徴があります。

　当時の投融資の現場では何が起きていたのでしょうか。関係者の証言をまとめると，多額の不良債権を生み出した投融資は社長の側近A氏が財務（資産運用）担当になってから実行したもので，「社長が人事を間違えた」「資産が急増していたなかでA氏が財務担当になり，問題案件に多額の資金が投入された」「（A氏は）財務の経験は全くなく，よく言えば『攻めの財務』を標榜した」などの証言がありました。

　A氏がハイリスク投融資を実行できた背景として，次のような証言もあります。「もともとは（投融資の実行と審査の）担当が分かれていたが，A氏が審査業務を兼任するようになった。それまでの審査責任者はこの人事に反対したが，A氏によって外されてしまった」「批判を減らすために（運用方針会議の）出席者が徐々に少人数となり，さらにA氏に直接持っていく体制になった」「財務部門でA氏に意見を言った社員は人事で飛ばされたり，担当を外されたりした。バックに社長がいて，実際に反対した数人が外されると，もう誰も止めに入らなかった」。

　当時の社長はワンマン社長として知られた人物で，「社長に反論する人は誰もいなかった。人事は気に入ったかどうかの世界だった。長期政権の弊害だ」「営業には口を出すが，財務についてはA氏に任せておけば大丈夫と考えていたようだ」「財務の経験が全くない人物に財務担当役員を任せ，リスクの大きい投融資の実行を放任したのが最大の問題だった」などの証言がありました。

協栄生命保険

　高利率契約の負担に苦しみ，資産売却益に依存した収益構造となっていたと

ころ，千代田生命の破綻を引き金に解約が増え，2000年10月に経営破綻しました。協栄生命は，バブル期にハイリスクの不動産関連投融資にのめりこんだり，経営者やその取り巻きが暴走したりといったことはありませんでした。しかし，独自路線を展開していたはずが，1980年代後半になって，他社に追随して長期の貯蓄性商品の積極販売に踏み切り，しかも，他社が売り止めにしてからも，1990年代半ばまで売り続けたことが明暗を分けたと考えられます。

図表13－7のように，1990年代以降，業界全体の総資産の伸びが一けた成長になってからも，協栄生命の総資産は1993年度まで二けた成長を続け，その後の経営の重しとなりました。貯蓄性商品の売り止めが数年遅れたのは，中核顧客基盤である提携団体（教職員団体など）向けの商品となっていて，営業部門からの強い販売継続要請があったことが挙げられます。「（社内で）予定利率を引き下げる議論をしても，顧客との関係があり，なかなか実施できなかった」「営業担当役員の声が大きく，ブレーキをかけさせなかった」という証言があります。

より深掘りすると，そこには一種の経営の空白がありました。協栄生命の経営陣は創業者でアクチュアリーのB氏に相談しないと何も決められず，亡くなる直前まで意見を求めに行ったそうです。しかし，「本人は1992年以降，引退していたつもりだったようで，聞かれても感想を述べていたにすぎなかった。

【図表13－7】 協栄生命の総資産の推移

（単位：億円，％）

	協栄生命		全社合計	
		前年比		前年比
1985年度	12,124	20.5%	538,706	17.8%
1986年度	15,037	24.0%	653,172	21.2%
1987年度	18,996	26.3%	792,684	21.4%
1988年度	24,601	29.5%	970,828	22.5%
1989年度	30,009	22.0%	1,173,439	20.9%
1990年度	35,034	16.7%	1,316,188	12.2%
1991年度	39,343	12.3%	1,432,341	8.8%
1992年度	44,803	13.9%	1,560,111	8.9%
1993年度	50,641	13.0%	1,691,221	8.4%
1994年度	54,357	7.3%	1,779,655	5.2%

（出所）植村信保『経営なき破綻 平成生保危機の真実』

しかし，協栄生命の経営陣はそれを自分の都合のいいように解釈していた」とのことで，当時の経営状況は，「B氏はこう思っているのだろうという『だろう経営』だった。だから，とった瞬間に逆ざやとなる契約を大量に獲得するような信じられないミスをする。B氏本人はまさかこんなことになっているとは知らなかったはずだ」というものでした。

さらに，B氏の側近だったアクチュアリーのC氏が，「一部の経営陣にしか実態が見えないように統制していた」「『素人にはミスリーディングになるから』と言って実態を隠していた」ことも，かえって傷口を広げる結果となってしまったようです。

2－3　破綻事例から何を学べるか

関係者の証言に基づいた当時の経営内部の実態をいくつか紹介しましたが，こうして見ると，バブル崩壊などの外的要因が生保経営に与えた影響は決して小さくなかったものの，会社が破綻に至るにはビジネスモデルや経営者，経営組織といった，その会社固有の内的要因が重要な意味を持っていたことが浮き彫りになります。なかでも，最も重要な内的要因は経営者に関するものでした。すなわち，破綻生保のコーポレート・ガバナンス（企業統治）が十分でなかったことが，破綻リスクを高めることにつながったと考えられます。

このような経営者の問題は，経営内容が悪化してから一段と明らかになりました。経営陣は概してその場しのぎの対応に向かい，会社の内容を一段と悪化させました。運用収益を過度に追求し，やみくもにリスク性資産を積み上げたり，本書では紹介していませんが，決算を乗り切るためにバクチ的な資産運用に走り，一発逆転を狙ったりする動きも頻発しています。

こうした経営者に起因する破綻リスクを小さくするには，**コーポレート・ガバナンス**が発揮できる枠組みを整備する必要があるでしょう。

破綻生保では内外からの経営チェックやリスクマネジメント（管理）もほとんど機能していませんでした。社内では総じて営業部門の発言力が強く，数理部門や資産運用部門が警鐘を鳴らしても，経営を動かすことはありませんでした。一定のリスク管理体制が整備されていたにもかかわらず，トップの威光を背景にリスク管理が骨抜きにされてしまったケースも見られました。

どんなに形を整え，きちんと数値を算出しても，経営に活用されなければリスク管理にはなりません。破綻した生保に「リスク」「リスク管理」という感覚が全くなかったわけではありません。中堅生保の破綻事例は，リスク管理の実効性を高める取り組みの重要さを示唆しています。

　さらに，経営の実態が見えなかったことも，トップやその周辺の不適切な行動を防げず，営業部門の意向を抑えられなかった要因の一つです。経営内容の「見える化」は健全経営には不可欠と言えるでしょう。

3　破綻処理の本質

3－1　穴埋めをしたのは破綻生保の契約者

　過去の事例を見るかぎり，保険会社の破綻処理の本質は，再建支援者による破綻生保の買収です。

　図表13－8のように，いずれの破綻事例でも，当初に発表した債務超過額が最終的に何倍にも膨れ上がっています。破綻生保が損失を隠していたというのではなく，管財人（更生手続きの場合）と再建支援者の交渉の結果，破綻生保の保有する資産価格が大幅に割り引かれたためです。資産価格の評価が下がれば，破綻処理を経て再出発した会社の収益力はその分だけ高まります。本来

【図表13－8】中堅生保の主な破綻処理

	日産生命	東邦生命	第百生命	千代田生命	協栄生命	東京生命
根拠法	保険業法			更生特例法		
債務超過額	3029億円	6500億円	3177億円	5950億円	6895億円	731億円
保護機構等の資金援助	2000億円	3663億円	1450億円	なし	なし	なし
責任準備金の削減	0%	10%	10%	10%	8%	0%
営業権	1232億円	2400億円	1470億円	約3200億円	3640億円	325億円
予定利率						
破綻前（平均）	不明	4.79%	4.46%	3.70%	4.00%	4.20%
破綻後（上限）	2.75%	1.50%	1.00%	1.50%	1.75%	2.60%
早期解約控除	7年間	8年間	10年間	10年間	8年間	10.5年間

（出所）植村信保『経営なき破綻 平成生保危機の真実』

は既契約者に帰属するものですが，残念ながら契約者に還元する法的枠組みはありません（ただし，契約者還元が盛り込まれた処理もありました）。

　膨らんだ債務超過額の穴埋めをしたのは，主に破綻生保の契約者です。責任準備金を1割程度削減し，あとは「営業権」を資産計上し，損失を将来に先送りしました。そして，営業権の償却が確実にできる水準まで既契約の予定利率を引き下げるので，損失の大半は既契約者が負担することになります。千代田生命，協栄生命，東京生命の破綻処理では生命保険契約者保護機構の資金援助がなく，かつ，再建支援者が損失の穴埋めをすることもありませんでした。

コラム 既契約の予定利率引き下げ

　生保破綻が相次いだ後の2003年の保険業法改正で，金融庁は保険会社からの申し出があれば，既契約の予定利率を引き下げることができる手続きを整備しました。ただし，これまでのところ活用事例はありません。

＜予定利率引き下げスキーム（金融庁サイトより作成）＞

保険会社からの契約条件変更の申出
・契約条件の変更を行わなければ，
　保険業の継続が困難となる蓋然性
　がある場合

行政当局による申出の承認 解約の停止命令

保険会社による契約条件変更案の作成
・責任準備金の削減はできない
・予定利率引き下げの下限あり
・株主総会／総代会で変更案を決定

行政当局による契約条件の変更案の承認

変更対象契約者による異議申立
・1か月以上
・変更対象契約者の1/10を超える
　異議がある場合，引下げは否認

契約条件の変更の公告
変更対象契約者への通知

3-2　保護機構の2面性

　過去の破綻処理からは，セーフティネットを担う生命保険契約者保護機構が持つ2つの役割をどう両立させるかという課題も見えました。

　更生手続きのなかで，保護機構には破綻生保の契約者の代理という役割があり，破綻生保の契約者に代わり，関係人集会で議決権を行使します。他方，第7章で説明したように，保護機構は資金援助の担い手であり，会員である保険会社が負担金を拠出しています。資金援助を行えば，破綻生保の契約者負担は軽くなりますが，再建支援者が拠出を増やさないかぎり，会員保険会社の負担が重くなります。

　前述のように千代田生命，協栄生命，東京生命の事例では，結果として保護機構の資金援助のない破綻処理となりましたが，それが破綻生保の契約者負担が少ないことを意味するものではありません。東京生命の破綻処理では，保護機構の資金援助は見送られたものの，再建支援者候補を競わせることで，破綻生保の契約者に有利な条件を引き出すことに成功しています。ここにも破綻処理の本質が再建支援者による買収であることが見えます。

この章のまとめ

・過去の破綻事例を見ると，金融市場変動の影響を強く受けている
・破綻には外的要因のほか，会社固有の内的要因が破綻リスクを大きくしていた
・過去の破綻処理の本質は，再建支援者による破綻生保の買収だった

第14章 経営破綻を防ぐには

この章では次のことを学びます

・リスク管理の形骸化を防ぐにはどうしたらいいか
・なぜソルベンシー・マージン比率が健全性指標として十分に機能しなかったのか
・保険会社のディスクロージャーはどうなっているか

1 リスク管理の高度化

1-1 リスク管理の高度化とは

　第13章では，保険会社が破綻に至るにはビジネスモデルや経営者，経営組織といった，その会社固有の内的要因が重要な意味を持っていたことが浮き彫りになりました。リスク管理の枠組みを整えても，経営に活用されなければリスク管理にはなりません。リスク管理を形骸化させないためには，どうしたらいいでしょうか。

　近年，金融庁は保険会社に対し，リスク管理の高度化を求め続けています。例えば金融庁が公表している「保険会社向けの総合的な監督指針（Ⅱ-3　統合的リスク管理態勢）には2014年以降，「こうした統合的リスク管理の標準的な枠組みはまだ確立されてはいないが，保険会社においては，リスク管理の更なる高度化に向けて不断の取組みが必要である」という記載が見られます。

　高度なリスク管理とはいったい何をすることでしょうか。技術的に高度なリスク計測手法や先進的なリスク管理の方法を用いることでしょうか。そうした方向の高度化もある程度必要ではありますが，リスク管理の実効性が伴わなけ

れば，いくら多額のコストをかけてITインフラを整備し，専門性の高い人材が複雑な計算を行っていても，役に立ちません。

1-2　ERM

この問いに対する1つの回答がERM（Enterprise Risk Management）の導入だと筆者は考えています。ERMはリスク管理の進化形とも言われ，日本語では「統合（的）リスク管理」「全社的リスク管理」などと表記されます。本書で説明するERMは次の特徴を持ったリスク管理の枠組みのことです。

　　・健全性を確保しつつ，企業価値の持続的向上をはかる
　　・全体としての整合性，統合性を意識
　　・全社的な活動
　　・経営戦略と密接に関連し，的確な意思決定を行うための枠組み

日本の保険業界でERMに取り組む動きが本格化したのは2010年前後のことです。金融庁が検査・監督を通じて保険会社のERM普及を促したことも，導入を後押ししました。

保険会社のERMを解説した『経済価値ベースの保険ERMの本質』（筆者も

【図表14-1】 ERMと従来型のリスク管理のちがい

	ERM	従来型リスク管理
目的	財務の健全性を確保しつつ，戦略目標を達成（企業価値向上）	損失の回避・抑制
対象とするリスク	すべてのリスクが対象（潜在的なものを含む）	特定したリスクが対象
対応する組織	事業全体で管理（全社的な活動）	リスク管理部門などの専門組織が管理
リスクのとらえ方	あらゆるリスクを整合的・統合的にとらえる	リスクの種類ごとにとらえる（個別のリスク管理活動）
リスクへの対応	継続的な活動（経営戦略と密接に関連）	必要があるときに対応

（出所）森本祐司，松平直之，植村信保『経済価値ベースの保険ERMの本質』

執筆者の1人）によると，ERMとそれ以前に行われていた従来型のリスク管理のちがいは**図表14−1**のとおりです。ERMは単なるリスク管理ではなく，より広い概念であることがわかります。

1−3　なぜERMが高度なリスク管理なのか

ERMは健全性の確保とともに，企業価値の向上という目的を掲げています。従来型のリスク管理もリスクコントロールを通じ，結果的に企業価値向上につながるものと考えられますが，どちらかといえば経営陣へのけん制という性格が強く，リスク管理は経営陣が自ら取り組む活動というよりは，リスク管理部門など特定の部門が行う活動となってしまいがちでした。これに対し，企業価値の向上を目指すERMは経営そのものであり，経営陣が自らの活動としてとらえやすい枠組みです。

保険会社を取り巻く経営環境が変化しており，それに伴い保険会社の事業内容や経営組織も変わってきています。**図表14−2**のように，大手保険グループ

【図表14−2】日本の保険会社による海外保険会社の主な買収事例

2004年	三井住友海上	英国AVIVAのアジア損保事業	約500億円
2007年	東京海上	英国キルン	約1061億円
2008年	東京海上	米国フィラデルフィア	約4987億円
2010年	第一生命	豪州タワー（現TAL）	約996億円
2011年	東京海上	米国デルファイ	約2050億円
2013年	損保ジャパン	英国キャノピアス　※2017年に売却	約992億円
2014年	第一生命	米国プロテクティブ	約5822億円
2015年	東京海上	米国HCC	約9400億円
	明治安田生命	米国スタンコープ	約6246億円
	住友生命	米国シメトラ	約4666億円
	三井住友海上	英国アムリン	約6350億円
	日本生命	豪州MLC	約2040億円
2016年	損保ジャパン	米国エンデュランス	約6394億円
2017年	三井住友海上	シンガポール・ファーストキャピタル	約1755億円

注：金額は発表当時の買収金額
（出所）各社公表資料より筆者作成

は海外保険会社の大規模な買収により事業のグローバル化を進めていますし，持株会社を設置し，傘下に複数の保険会社をぶら下げるグループも増えています。このようななかで，ERMの特徴の1つである「全体としての整合性，統合性を意識」する重要性がますます高まっています。

さらに，ERMは「全社的な活動」であり，経営として「あるべき」と考える企業文化に近づくうえでも有効と考えられます。いくら経営陣が企業価値の向上を強く意識していても，例えば現場が販売規模や市場シェアばかり意識しているようだと，経営目標の達成は難しいでしょう。

1−4　ERMの全体像

図表14−3は『経済価値ベースの保険ERMの本質』を参考に，保険会社のERMの全体像の例を示したものです。

ERMもリスク管理の一種なので，第1章で説明した活動内容はそのまま当てはまります。リスクを洗い出し，評価したうえで，計画（Plan）を立て，実行（Do）し，その成果を評価（Check）し，活動内容の改善を図る（Act）といったPDCAサイクルを構築するのが一般的です。

【図表14−3】保険会社のERMの全体像（例）

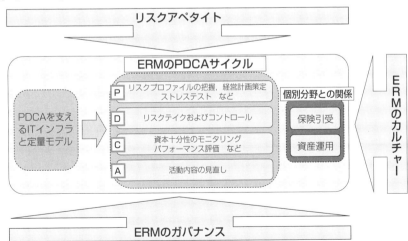

（出所）森本祐司，松平直之，植村信保『経済価値ベースの保険ERMの本質』

注目してほしいのは，PDCAサイクルを支える４つの矢印です。

　１つめは「**ERMのガバナンス**」です。ERMによって企業価値の向上を図るには，効果的なコーポレート・ガバナンスの存在が前提となります。ERMはあくまでも経営上の意思決定を支援するためのツールであり，従来型のリスク管理よりも経営陣が自らの取り組みと考えやすいとはいえ，自動的に経営への規律が強まったり，構築した枠組みがうまく回るようになったりするものではありません。経営陣への規律が働き，かつ，構築したERMのPDCAサイクルが回りやすくなるような仕組みが必要となります。例えば，監督（取締役会）と執行を分離し，経営への監視機能を働きやすくするとか，内部監査部門の経営監視機能を高めるといった取り組みが考えられます。

　過去には株価急落に伴う損失計上について，経営陣から「異常事態が発生した」「他社も同じような状況にある」など，責任の所在をあいまいにするコメントを耳にしました。しかし，ERMでは経営陣が自らの意思でリスクをとると判断したのですから，責任の所在は明確なはずです。

　２つめは「**リスクアペタイト（リスク選好）**」です。リスクアペタイトとは耳慣れない言葉かもしれませんが，リスクのとりかたに関する経営の意思を明確にしたもので，しばしばERMの要と言われます。

　リスクアペタイトが明確でないとどうなるでしょうか。経営として何を守りたいのか，どのように利益を上げていきたいのかが明らかではないということなので，経営陣による意思決定がその時その時の外部環境や社内事情などに左右されやすくなり，経営の軸がぶれやすくなってしまいます。

　３つめは「**ERMのカルチャー**」です。ERMが期待どおりの効果を上げるには，リスクを軸とした議論や意思決定を行う企業文化を組織に根づかせなければなりません。まず，経営陣がERMの活用に積極的であると組織内に示すのが重要ですが，組織には積み重ねてきた歴史があり，すでに何らかの企業文化が根づいています。そこに社内通知などで「あるべきERMのカルチャー」なるものを押しつけても，それだけでは定着しないでしょう。新たなカルチャーを浸透させるには，様々な取り組みを継続して行う必要があります。

　４つめは「**ITインフラと定量モデル**」です。リスクを評価したり，リスクテイクの状況を確認したりするには，よほどシンプルなリスク特性でないかぎ

り，ITインフラの整備が求められるでしょう。そうでないと，大量で複雑な計算を処理するのに膨大な時間と労力がかかってしまいますし，経営の意思決定に必要なグループ全体のリスク情報をタイムリーに収集することもできません。また，リスクの計測などで定量モデルを使い数値化すれば，自社のリスク特性をより正確に把握することが可能です。

　ただし，多額のコストをかけて最先端のITインフラを整備し，複雑な定量モデルを使っていても，結果として適切な経営判断が行いやすくなっていなければ，リスク管理を高度化したことにはなりません。

2　健全性規制の見直し

2−1　ソルベンシー・マージン比率の問題点

　第12章と第13章で，旧保険業法下の護送船団行政が生命保険会社の経営悪化を食い止めることができなかったことや，**図表14−4**のように，1995年の保険業法改正で導入された健全性指標の「ソルベンシー・マージン比率」が，早期是正措置の発動基準である200％を直近時点まで上回っていたにもかかわらず，破綻した会社が相次いだことを紹介しました。

　ソルベンシー・マージン比率が健全性指標としてうまく機能しなかった理由の１つが，導入を決めた1990年代半ばには，すでに多くの中堅生命保険会社の経営が相当厳しくなっていたことを踏まえ，当時の大蔵省が緩やかな基準のソルベンシー・マージン比率を導入したためです。しかし，金融市場の動向など外部環境は一向に改善せず，この判断は裏目に出てしまいました。

　もう１つの理由は，ソルベンシー・マージン比率が保険会社（特に長期の保険を扱う会社）の経営実態を十分に反映したものとなっていなかったためです。今のソルベンシー・マージン比率は，現行会計に基づいたロックイン方式の責任準備金（第12章を参照）を前提としており，とりわけ金利水準の変動をうまく反映できていません。リスク計測も単純な手法によるものが多く，リスクカテゴリーごとの整合性もとれていません。

【図表14－4】 破綻保険会社のソルベンシー・マージン比率

(単位：%)

	会社名	破綻処理開始日	1997年	1998年	1999年	2000年
生命保険	東邦生命	1999年6月4日	154.3	8.5		
	第百生命	2000年5月31日	294.6	304.6	-380.2	
	大正生命	2000年8月28日	334.5	384.6	67.7	
	千代田生命	2000年10月9日	314.2	396.1	263.1	
	協栄生命	2000年10月20日	300.7	343.2	210.6	
	東京生命	2001年3月23日	431.6	478.7	446.7	
損害保険	第一火災	2000年5月1日	259.3	330	-298.4	
	大成火災	2001年11月22日	580.9	1035.2	1022.4	815.2

(出所) 金融庁「ソルベンシー・マージン比率の算出基準等に関する検討チーム」資料（第5回：2007年1月29日）

2－2 経済価値ベースの規制

　そこで金融庁は，リスク計測やマージン算入の厳格化を柱とする「短期的見直し」を2010年に実施したうえで，中長期的な取り組みとして，**経済価値ベース**の評価に基づくソルベンシー規制の導入に向けた検討を行い，問題の解決を図ろうとしています。

　経済価値ベースの評価とは，資産負債の一体的な時価評価を通じ，保険会社の財務状況を的確に把握しようとするものです。第12章で説明したように，現行会計では貸借対照表のうち，資産の有価証券は保有区分により「時価」または「償却原価」で表示される一方，負債の大半を占める責任準備金は取得原価での評価です。このため，金利が下がると時価評価された資産価格だけが上がり，残りの資産・負債は動かないため，現行会計をベースとしたソルベンシー・マージン比率は改善（上昇）します。

　しかし，資産も負債も時価評価で考えると，状況は全く異なります。金利低下で資産の価値が上がるだけでなく，多くの生命保険会社では資産よりも負債

のほうが長いので，負債の価値は資産以上に膨らんでしまい，健全性は悪化しているはずなのです。このことを的確に反映しようというのが経済価値ベースのソルベンシー規制導入のねらいです（**図表14－5**）。

【図表14－5】経済価値ベースのソルベンシー規制

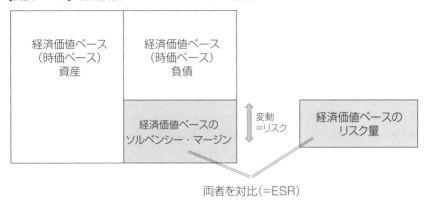

破綻した生命保険会社では，バブル期に予定利率の高い貯蓄性商品を大量に販売しましたが，逆ざやが表面化したのは1990年代半ばになってからです。仮に経済価値ベースのソルベンシー規制が導入されていれば，当局はかなり早い段階で健全性の低下した会社を発見できたでしょう。

経済価値ベースのソルベンシー規制導入は日本だけの動きではありません。EU（欧州連合）が2016年にEU域内の保険会社を対象に導入したソルベンシーIIは，経済価値ベースの考えかたを取り入れたソルベンシー規制ですし，他の国・地域でも，すでに導入したり，導入を検討したりする動きが広がっています。また，IAIS（保険監督者国際機構）は，国際的に活動する保険グループを対象にした国際資本基準の開発を進めており，やはり経済価値ベースの考えかた（IAISでは「市場整合的な評価手法」と表現）に基づいた市場調整評価アプローチが基本となっています。

さらに言えば，経済価値ベースの考えかたは，すでに日本の保険会社の内部管理手法として広がっています。ここでは太陽生命保険，大同生命保険を傘下に持つT&Dホールディングスの例を紹介しましょう。

【図表14－6】 T&DホールディングスのESRの推移

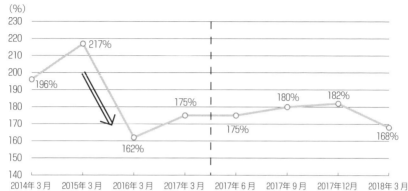

注：ESR＝経済価値ベースのリスク量÷経済価値ベースのソルベンシー・マージン
（出所）T&DホールディングスのIR資料（2018年5月25日）より筆者作成

2016年1月に日本銀行はマイナス金利政策を実施し，それに伴い，長期金利の水準が一段と低下しました。前述のように，ソルベンシー・マージン比率は金利の変動をうまく反映しません。これに対し，T&Dホールディングスが内部管理指標として公表したESR（経済価値ベースのソルベンシー指標）は，**図表14－6**のように，金利低下を受けて急落しました。

2－3　考えかたは難しくない

「経済価値ベース」「市場整合的」「ESR」などと言うと，何だか難しく感じたかもしれません。実のところ，考えかたは非常にシンプルです。

例えば，次の事例をご覧ください。

【A社】
・2019年4月に1000円で買った株式が1300円に値上がりしたので，期末直前に売却した（＝決算で売却益を計上）。

【B社】
・2019年4月に1000円で買った株式が1500円に値上がりして，そのまま期末を迎えた（＝決算では利益を計上していない）。

運用成果がよかったのは，A社とB社のどちらでしょうか。会計上，利益が出たのはA社です。しかし，A社で株式を買った担当者よりも，B社で株式を買った担当者のほうがほめられるべきですよね。

　もう１つ事例を見てみましょう。

【A社】
・2019年４月に1000円で買った株式が 700円に値下がりして，そのまま期末を迎えた。
・なお，A社は取得価額から30％下がり，回復可能性が低いと判断したら，評価損を計上することにしている（＝決算で評価損を計上）。

【B社】
・2019年４月に1000円で買った株式が 600円に値下がりして，そのまま期末を迎えた。
・なお，B社は取得価額から50％下がり，回復可能性が低いと判断したら，評価損を計上することにしている（＝決算では損失を計上していない）。

　運用成果が悪かったのは，決算で評価損を計上したA社でしょうか。この事例ではA社もB社も株式を売却していませんが，評価損を計上する基準がちがいます。会計上の結果はA社が悪く見えても，1000円で買ったものが700円に値下がりするよりも，600円に値下がりしたほうが，運用成果は悪かったと考えるのが当然です。

　経済価値ベースの評価とは，「価値」に注目するということです。価値の変動をリスクととらえ，価値が増えれば利益が出たと考え，価値が減れば損失が発生したと考えます。**図表14－5**をもう１度ご覧ください。資産の価値から負債の価値を差し引いたものが経済価値ベースの純資産です。それぞれの価値が変動することによって純資産も変動しますが，この変動が経済価値ベースのリスクです。経済価値ベースのソルベンシー指標とは，経済価値ベースのリスクに対し，経済価値ベースの純資産がどの程度備わっているかを見たもので，価値に基づいた健全性を測ろうとしていることがわかります。

2020年6月に金融庁が公表した「経済価値ベースのソルベンシー規制等に関する有識者会議」報告書では,健全性政策の全体像について「3つの柱」の考え方に即して整理を行っています。この考え方は銀行のバーゼル規制,欧州ソルベンシーIIと同様のものです。

・第1の柱(ソルベンシー規制):ソルベンシー比率に関する一定の共通基準を設け,契約者保護のためのバックストップとして監督介入の枠組みを定める
・第2の柱(内部管理と監督上の検証):第1の柱で捉えきれないリスクも捕捉し,保険会社の内部管理を検証しその高度化を促進する
・第3の柱(情報開示):保険会社と外部のステークホルダーとの間の適切な対話を促し,ひいては保険会社に対する適正な規律を働かせる

3 市場規律

3-1 破綻生保のディスクロージャー

保険会社の経営破綻を避けるには,まず,会社自身のリスク管理やコーポレート・ガバナンスなど,自己規律が機能していなければなりません。契約者保護という観点からは,行政当局による規律も引き続き必要と考えられます。これらに加え,情報開示(ディスクロージャー)を通じた市場規律も重要な役割を果たしうるものです。格付会社による保険会社の格付情報や金融市場からのメッセージ,あるいはメディアによる情報発信は保険契約者をはじめ外部ステークホルダーの行動に影響を与えますし,保険会社の自己規律を高めます。

破綻した保険会社では,自己規律も行政当局による規律も十分ではなく,さらに,当局以外の外部チェックもほとんど機能していませんでした。

拙著『経営なき破綻 平成生保危機の真実』には,「破綻直前の東邦生命と協栄生命のディスクロージャーから両者の経営内容を探ってみても,専門家が詳細に見れば経営に余裕がなくなっていたとわかるものの,それでも債務超過状態に陥っていた(もしくはそれに近い状態だった)とまで判断することはでき

なかった」「生保経営になじみのない一般の消費者が，ディスクロージャーから両社の経営内容をつかむのはほとんど不可能だっただろう」という記述があります。例えば，協栄生命が2000年10月に破綻した時点の債務超過額は1859億円（財産評定後に2938億円に拡大）でした。わずか半年前の2000年3月末には約800億円の純資産があり，2000年度に入ってからの株価下落だけではここまで損失が拡大した説明がつきません。

しかも，財務諸表がわかりにくく，かつ，事業特性を反映した開示になっていなかったため，メディアや保険評論家による誤解に基づいた分析記事もしばしば見られました。「歴史的低金利が続いても将来にわたり保険収支で逆ざやをカバーしていけるのか」といった根本的な疑問を解消する手掛かりとなる情報もなく，事業特性を十分説明しなかったことが，結果として生保不安を高めることにつながった可能性があります。

3－2　情報開示の現状と方向性

当時に比べれば，保険会社のディスクロージャーは充実しています。第8章で紹介したディスクロージャー誌（保険業法第111条で作成・公表が義務付けられているもの）には，財務面の健全性やリスク管理に関する情報として，「経理に関する指標等」「資産運用に関する指標等」「ソルベンシー・マージン比率」といった財務情報のほか，「リスク管理の体制」「経営の組織」などの非財務情報も載っています。

ただし，第8章で指摘した「残存期間10年超の公社債の内訳」「外貨建ての責任準備金に関する情報」のほか，多くの保険会社では経済価値ベースの考えかたを内部管理手法として取り入れているにもかかわらず，上場会社を除き，関連する財務情報をほとんど公表していません。

他方で，数の上では少数派ではありますが，上場保険会社は主として投資家・アナリストに対し，自主的に財務面の健全性やリスク管理に関する情報を開示するようになってきました。先ほど紹介したT&Dホールディングスが公表しているESR（経済価値ベースのソルベンシー指標）は，ほぼすべての上場会社が公表していますし，分母のリスク量（リスクを数値化したもの）の内訳を開示する動きも広がってきました。生命保険会社の会社価値を示す指標とし

て第10章で紹介したエンベディッド・バリュー（EV）の公表も上場会社では当然のこととなっています（EVは一部の非上場会社も公表）。

健全性規制として情報開示を求める動きも出てきました。前述の経済価値ベースのソルベンシー規制導入の一環として，投資家や取引相手方の金融機関などを含む市場関係者に対し，経済価値ベースの情報開示を求める動きがあります。金融庁が2020年に公表した「経済価値ベースのソルベンシー規制等に関する有識者会議」報告書では，情報開示を通じた保険会社と外部のステークホルダーとの間の対話を促し，保険会社に対するガバナンス・規律付けを向上させるため，ESRの内訳や感応度といった，経済価値ベースの情報開示の拡充を提言しています。

3－3　保険会社の格付

市場規律の1つとして，民間の格付会社が提供する**格付（信用格付）**について簡単に紹介しましょう。

格付は，企業分析の専門集団である格付会社が，債券などの発行者の将来にわたる債務履行能力をAやBなどの記号で示したものです。格付会社のアナリストはディスクロージャーに加え，経営陣とのミーティングなどを通じて分析対象の会社から情報提供を受け，信用力の評価を行っています。

保険会社の格付は特定の債券だけでなく，「保険金支払能力」「保険財務力」を対象にしています。すなわち，保険会社が将来の保険金や給付金の支払いをどの程度確実に行うことができるかを評価したものです。ただし，格付はあくまで格付会社の意見であり，格付会社によって同じ保険会社に対する評価が分かれることもあります。日本で活動する代表的な格付会社は，格付投資情報センター（R&I），日本格付研究所（JCR）の日系2社と，S&Pグローバル・レーティング・ジャパン，ムーディーズ・ジャパン，フィッチ・レーティングス・ジャパンの外資系3社です。

R&Iによる破綻生保の格付推移を見ると，**図表14－7**のように，直前まで高い格付だった会社が破綻したケースはありませんでした（損害保険では，合併計画のあった大成火災海上保険が高い格付で破綻した事例があります）。格付会社のアナリストは一部の非開示情報にアクセスできるとはいえ，基本的には

【図表14−7】 破綻生保の格付推移 (R&I)

	日産	東邦	第百	大正	千代田	協栄	東京
199704	破綻（この時点ではJBRIは生保格付けを実施していなかった）						
199710		BBop	BBop		BBB−	BB+	
199711		BB−					
199712							BBB−
199803			BBop				
199804	*JBRIとNISが合併，R&Iに						
199805		Bop					
199809		B+		Bop	BB	BB	BB+
199906		破綻					
199909					B+	B+	BB
199911			CCC+op				
200005						B	
200006			破綻				
200008				破綻			
200009					B−		BB−
200010					破綻	破綻	
200102							B
200103							破綻

注：1998年3月まではJBRIの格付け。「op」は非依頼格付けを示す。
（出所）植村信保『経営なき破綻 平成生保危機の真実』

ディスクロージャーをもとに経営分析やリスク分析を行っており，情報開示の充実は格付の信頼性向上にもつながると考えられます。

この章のまとめ

・ERMは健全性を確保しつつ，企業価値の持続的向上をはかる管理手法
・現在，保険会社の財務状況を的確に把握する「経済価値ベース」の新たな規制の検討が進む
・ディスクロージャーなどによる市場規律は，保険会社の自己規律を高める効果がある

第15章 技術革新と保険産業の未来

この章では次のことを学びます

- ・デジタル化が保険分野にどのように浸透しているか
- ・Ｐ２Ｐ保険とは何か
- ・未来に向けた保険産業の課題は何か

1 デジタライゼーションの進展

1－1 デジタル化が生活に浸透

インターネットの普及とともに，日本でも経済・社会のデジタル化が急速に進展しています。「AI（人工知能）」「IoT（モノのインターネット）」「ビッグデータ」といった言葉がキーワードのように使われ，多くの会社がビジネスのデジタル化に取り組んでいます。個人としても，新型コロナウイルス感染症の拡大で，オンライン授業やテレワークなどを通じ，デジタルテクノロジーの浸透を身近に感じたのではないでしょうか。

近年，社会のデジタル化が急速に進んだ国として中国が注目されています。筆者が2019年秋に訪問した深圳（しんせん）市で，その一端を見ることができました（変化が激しいので，その後さらに進化したかもしれません）。

スマホ決済の浸透は日本の比ではありませんでした。例えば，東京・秋葉原を大規模にしたような電子街の大衆的な食堂で，現金を使っている人はほとんどいませんでした。キャッシュレス化は新型コロナ禍で一層進んだことでしょう。歩道で見かけたのは，ものすごい数のシェアリングバイクです。若い人ばかりでなく，年代を問わず多くの利用者があり，無人の貸出・返却スポットが

街のいたるところにありました。電動バイクが多く，歩道をそこそこのスピードで走ってくるので，ちょっと危なかったです。

中国と言えば，少し前までは自動車ドライバーのマナーが悪く，私もかつて渋滞の列が交差点のなかでもつながっているのを見て（しかも対面からの交通を遮るように列が左折していました），驚いた記憶があります。でも今は，交通ルールに反する運転をするとネットの信用スコアが落ちてしまい，不利益を被るので，マナーが格段に良くなったということでした。

小売店ではオンラインとオフラインの融合が目立ちました。あるスーパーでは，レジで並ばなくてもその場でスマホ決済ができました。店舗によってはドローンによる配達サービスもあり，来店せずオンラインでの注文も可能です。無人コンビニも見かけました。深圳という土地柄もあり，新しい技術を使ったビジネスが次々に登場しているようでした。

これだけ見ても，デジタル化とは単なる自動化ではなく，私たちの生活を変え，社会を変える動きととらえるべきでしょう。

1－2　金融・保険分野での技術革新

デジタル化は金融分野でも進んでいます。近年の金融分野のデジタル化をフィンテック（FinTech）と呼び，文字どおり金融とITテクノロジーの融合を意味しています。送金・決済サービスや融資サービス，投資・運用サービスといった幅広い分野で取り組みが見られるようになりました。

他分野のデジタル化と同じく，フィンテックは既存の業務やサービスをそのままデジタルに置き換えるのではなく，デジタル技術を使って新しい形で金融サービスを提供しようというものです。例えば，複数の金融機関にまたがっている家計の管理を自動的に把握できるようにしたり，ロボアドバイザーによる資産状況に応じたアドバイスを提供したりと，新たなサービスが次々に登場しています。これまで使われていなかった大量のデータが，事業者にとって宝の山になるというのもフィンテックの特徴です（ビッグデータの活用）。

フィンテックの担い手は，銀行や証券会社など既存の金融機関とは限りません。金融機関が独自にサービスを開発するのではなく，革新的な技術を持つスタートアップ（ベンチャー企業）と組んで，新たなサービスを提供する事例が

【図表15-1】金融庁の取り組み事例

FinTechサポートデスクの設置（2015年12月） 　・フィンテックに関する一元的な相談・情報交換窓口 FinTech実証実験ハブの設置（2017年9月） 　・フィンテック企業や金融機関による実証実験を支援 金融商品販売法等の改正（2020年6月） 　・金融サービス仲介業を創設し，1つの登録で銀行・証券・保険すべての分野 　　のサービスを仲介可能 　・決済法制を整備し，資金移動業の規制を柔軟化

（出所）金融庁サイトより筆者作成

目立つほか，異業種からの参入もあります。先ほど紹介した中国では，IT大手のアリババとテンセントがそれぞれ大規模な顧客基盤を持つプラットフォーマーとして金融サービスを積極的に展開し，決済サービスや信用スコア，資産運用，保険など幅広い金融サービスを提供しています。

　金融庁の動きにも注目です。金融庁はFinTechサポートデスクや実証実験ハブの設置など，利用者の利便向上につながるデジタル技術の活用を後押ししています。2020年には金融商品販売法を改正し，業態ごとの縦割りだった既存の仲介業とは異なる「金融サービス仲介業」を創設し，1つの登録で銀行・証券・保険すべての分野のサービスを仲介可能としました（**図表15-1**）。

2　インシュアテック

2-1　自動車保険

　保険分野におけるフィンテックはインシュアテック（InsurTech）と呼ばれています。以下では，日本の保険分野における新技術を活用した各種の取り組みを見ていきましょう。

　損害保険会社にとって最大種目である自動車保険に関して，2つの動きを紹介します。まずは「テレマティクス自動車保険」です。

テレマティクスとは，自動車などの移動体に通信技術を組み合わせ，リアルタイムで情報をやり取りすることで新たなサービスを提供する技術です。自動車がネットにつながれば，例えば何か問題が発生した場合，専門のオペレーターがドライバーにアドバイスを行ったり，盗難など車両の異常を検知したら，速やかにユーザーに知らせたりといったサービスの提供が可能となりますし，後述する自動運転にはネット接続が不可欠です。

　このテレマティクスを使い，**図表15－2**のような，走行距離や運転行動といったドライバーごとの運転情報を収集・分析し，リスクに応じた保険料を算出する自動車保険が日本でも登場しています。

　第4章で説明したように，自動車保険はすでにリスクに応じた保険料を算出する仕組みがあり（ノンフリート等級制度，型式別料率クラスなど），使用目的や年間走行距離，地域，安全装置の有無などで保険料が異なることもあります。テレマティクス自動車保険はさらに踏み込んで，自動車に設置した情報端末（スマホの場合もあります）が事故を起こしやすいドライバーかどうかを判断するというものです。等級制度のない国に比べると保険料の引き下げ効果は小さいとみられるものの，リスクに応じた保険料がより実現するとともに，ドライバーに安全運転を促す効果が期待できます。

【図表15－2】テレマティクス自動車保険の概念図

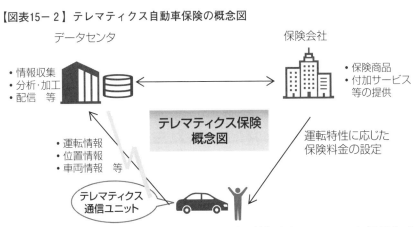

（出所）国土交通省「自動車関連情報の利活用に関する将来ビジョンについて」（2015.1）をもとに筆者作成

もう１つは自動運転技術の進展です。自動車技術会「自動車用運転自動化システムのレベル分類及び定義（2018年制定）」では，運転自動化のレベルには５段階（レベル０を含めると６段階）あり，レベル２までは現在と同じく運転者が主体的に運転タスクを実行するものですが，レベル３以上になると，自動運転システムがすべての運転タスクを行うようになります。

　政府の「官民 ITS 構想・ロードマップ 2020（2020年７月発表）」によると，自家用車の高速道路での自動運転（レベル３）は2020年に市場化が実現し，2025年をめどに高速道路でのレベル４の自動運転システムを搭載した自動車の市場化が見込まれています。高速道路でのレベル３（条件付運転自動化）とは，高速道路の本線上に限定して自動運転を行うものですが，これがレベル４（高度運転自動化）になると，高速道路の入口から出口まで自動運転が可能で，システムに運転を任せることができるようになります。限定地域での無人自動運転配送・移動サービス（レベル４に相当）の実現も見込まれています。

　自動運転の実用化は自動車保険に大きな影響を及ぼすでしょう。自動車事故がなくなることは考えにくいとしても，事故が起きにくくなれば損害率が下がり，保険料も引き下げられるでしょうから，自動車保険マーケットは縮小しま

【図表15－3】運転自動化のレベル（2020年現在）

レベル１	運転支援　⇒　実用化済み
レベル２	レベル１の組み合わせ 特定条件下での自動運転機能 ⇒　一部実用化
レベル３	条件付き自動運転 （システム作動継続困難時は運転者が対応）
レベル４	特定条件下における完全自動運転 ⇒　限定地域では2020年目途 ⇒　高速道路では2025年目途
レベル５	完全自動運転　⇒　時期未定

す。ただし，高度な安全装置や自動運転システムはしばらく高価なものと思われますので，事故の際には修理費が高くなり，当面は損害率がむしろ上昇することもありえます。

　レベル3以上になると，事故の損害賠償責任を誰が負うべきかが問題となります。システムによる自動運転なので，ドライバーに運転責任はありません（ただし，レベル3の場合はドライバーが運転に関与する局面もあるため，自動運転中でも運転責任があると考えられます）。事故の原因もシステムの故障やサイバー攻撃など，これまでとは異なるものが増えそうです。ネットとつながった自動車がハッキングされ，外部から遠隔操作されてしまうといったリスクに対し，政府や保険会社は対応しなければなりません。

2－2　健康増進型保険

　今度は生命保険・第三分野の保険に関する動きを紹介しましょう。

　図表15－4のように，このところ大手をはじめ，生命保険会社が相次いで「健康増進型」と言われる保険を市場に投入しています。この保険は被保険者の健康状態や健康増進活動（健康診断の受診や運動など）によって保険料が変動したり，後からキャッシュバックなどを受けられたりするものです。加入時の健康状態などによって保険料を割り引く仕組みは「リスク細分型保険」として従来もありましたが，注目されるのは，加入時だけでなく，加入後の健康状態や健康増進活動が保険料などに反映される商品が登場していることです。リスクへの事後的な備えとしてだけではなく，リスクそのものを小さくする効果が期待できます。

【図表15－4】主な健康増進型保険

- 第一生命「ジャスト（健康診断割引特約）」
- 住友生命「Vitality（健康増進乗率適用特約）」
- 明治安田生命「ベストスタイル健康キャッシュバック」
- 東京海上日動あんしん生命「あるく保険（健康増進特約）」
- SOMPOひまわり生命「じぶんと家族のお守り」
- アフラック生命「健康応援医療保険」

例えば，住友生命保険が2018年に発売した「Vitality（健康増進乗率適用特約）」は，健康状態を把握し，改善活動を行うとポイントが貯まり，翌年の保険料が安くなったり，特典が得られたりするしくみです（総合保障の主力商品が対象）。明治安田生命保険も2019年に，毎年提出する健康診断の結果に応じてキャッシュバックを受けられる健康増進型の新商品を発売しました（同じく主力商品が対象）。SOMPOひまわり生命保険の「じぶんと家族のお守り」は，契約時の健康診断結果などで保険料の割引が決まるほか，「健康☆チャレンジ！制度」により契約後の保険料が下がったり，健康チャレンジ祝金を受け取ったりできる収入保障保険です。

　健康増進型の保険には，第2章で説明した情報の非対称性を緩和し，「モラルハザード」の問題を小さくする効果があります。これまでの生命保険や医療保険では，保険会社は加入時を除き，契約者（被保険者）の健康状態や生活の状況などを知ることができませんでした。ところが，加入後も情報を得ることができる（契約者が自ら情報を提供してくれる）健康増進型保険であれば，保険会社は契約者のリスクを常にモニタリングすることができます。健康関連データを継続的に収集・分析することで，保険会社のほうが契約者のリスクを知っているという，情報の非対称性の逆転もありえます。

　もっとも，「あなたの健康状態では，来年の保険料は××円に上がります」と言われた契約者は，その結果に納得するでしょうか。実年齢ではなく，保険会社が健康関連データをもとに出した「健康年齢」で保険料を決める商品も登場していますが，算出方法は全くのブラックボックスです。健康増進型保険に限らず，ビッグデータを使ったサービスには同じ問題が付きまといます。

　第2章で触れた，遺伝情報をどう取り扱うかという難しい問題もあります。日本には法令による規定がないとはいえ，生命保険業界では不当な差別につながるとして，遺伝情報を保険契約時の審査などで使っていません。しかし，他方で一般向けの手軽な遺伝子検査サービスが広がっています。こうした検査が広がると，極端に言えば，がん保険に加入するのは，検査で「がんのリスクが高い」という結果が出た人ばかりとなってしまうなど，逆選択の問題が深刻となることもありえます。

2-3 P2P保険

第2章で保険料を設定する際の重要な要素として「保険料の前払い」を挙げ，後払い方式は保険料の徴収が大変という説明をしました。ところが，この常識を覆すような商品が登場しています。

P2P保険（Peer-to-Peer保険）は加入者どうしがリスクをシェアし，万一の際には助け合うという仕組みを，ネットの世界で実現したものです。通常の保険では保険会社がリスクを引き受けるのに対し，P2P保険では保険会社はリスクを引き受けず，運営のみを担います。

この保険で最も成功しているとみられる事例が，中国IT大手アリババグループのアント・フィナンシャルが2018年に提供を開始した「相互宝」でしょう。グループの電子決済サービスであるアリペイの会員を対象に，保険料を後払いする重大疾病保障サービスを始めたところ，わずか1年間で1億人の加入者を集めました。ライバルのテンセントもP2P保険を提供しています。

日本では少額短期保険業の justInCase（ジャストインケース）が2020年から「わりかん保険」の販売を始めました（新技術の社会実装を目指す「規制のサンドボックス制度」を活用した実証実験という位置付け）。がんと診断されたら一時金80万円を受け取ることができるシンプルな保険で，一時金の支払いがあった時だけ加入者から保険料を集めます（**図表15－5**）。

【図表15－5】P2P保険の特徴

保険料	P2P保険	通常の保険
支払うタイミング	保険金の支払い実績に基づき，後払い	事前に支払い
支払う金額	保険金の支払い実績により変動	一定
保険会社の収益源	保険料ではなく，保険金の支払い実績に連動した手数料	保険料設定で想定していた発生率と実際の発生率の差や付加保険料

注：P2P保険はjustInCase「わりかん保険」

Ｐ２Ｐ保険のような相互扶助のしくみは，無尽や頼母子講など日本に古くからありました。わりかん保険はIT技術を使い，こうした「助け合い」の組織を復活させたと言えるでしょう。

　なお，Ｐ２Ｐ保険は保険なのかという論点があります。保険法は第２条で，

> 「当事者の一方が一定の事由が生じたことを条件として財産上の給付を行うことを約し，相手方がこれに対して当該一定の事由の発生の可能性に応じたものとして保険料を支払うことを約する契約」

を保険契約と定義していますので，加入者どうしでグループを作り，リスクをシェアするＰ２Ｐ保険は，条文をそのまま読むと保険にあたりません。一方，保険業法のほうは，保険会社や保険募集人を規制することによって契約者の保護を図るので，Ｐ２Ｐ保険の運営主体が保険会社（少額短期保険事業者を含む）であれば規制対象となります。ただし，保険会社ではない運営主体がＰ２Ｐ保険を提供した場合，監督規制の対象にできるかは不透明です。

２－４　インシュアテックの影響

　日本のインシュアテックの事例を見ると，ビッグデータの活用などにより過去になかった商品やサービスを提供する，あるいは，AIなどにより業務プロセスの効率化を進めるといった，総じて既存のプレイヤーが新技術を活用するという話が中心でした。すなわち，これまで成功してきたビジネスモデルを前提に，新しい技術を使うことで何ができるのかを考えているように見えます。

　技術革新の影響は果たしてそのようなレベルの話にとどまるのでしょうか。例えば健康増進型保険について，これが「健康増進活動による成果を保険料などに反映」というだけなら，従来の新商品開発と本質的には変わりません。しかし，健康増進が進んだら，現在保険会社が提供しているような，充実した医療保険を営業職員や保険ショップから買う必要があるのでしょうか。

　少し前になりますが，保険監督者国際機構（IAIS）が2017年に「保険業界におけるフィンテックの発展」という報告書を公表し，そのなかで３つのシナリオを示しました（IAISについては**図表15－6**を参照）。

1つめは，新たな技術を既存の保険会社が活用し，保険ビジネスの各機能は基本的にそのまま残るというもの。保険ビジネスを構成する「商品開発」「販売活動」「保険引受」「保険金支払い」「資産運用」といった一連の機能（バリューチェーンと言います）は，それぞれが新たな技術により進化し，対応できない保険会社は競争に敗れるというシナリオで，現在見えている動きはこれに近そうです。

　しかし，あと2つのシナリオはより「破壊力」のあるものでした。IAISが2つめに示したのは，バリューチェーンが分解され，保険会社はリスク引き受けの担い手としての機能を果たすだけになるというもの。それぞれの機能においてテクノロジー企業が顧客との関係構築に成功し，保険会社は彼らに依存しなければ生き残れませんし，テクノロジー企業が提供する各種サービスの1つとして保険があるという世界です。さらに，もう1つのシナリオは，巨大テクノロジー企業がバリューチェーンのすべてを担い，既存の保険会社は市場から退出するというものでした。

　現実にどうなるかはわかりませんが，現在進んでいる技術革新はこのような変革をもたらしうる動きなのです。

【図表15－6】金融関連の国際機関

（出所）日本損害保険協会のサイトより

3 保険産業の未来のために

3－1 新型コロナ禍で見えてきたもの

　2020年1月に国内で初めて感染が確認されてから，3月の「歴史的緊急事態」指定，4月の緊急事態宣言（5月に解除）と，新型コロナウイルスの感染拡大によって経済・社会活動は強く制約を受けるようになりました。

　多くの保険会社では新型コロナ感染症が流行する前から，パンデミック（感染症の大流行）を重要なリスクとして認識し，最悪の場合，国内で数十万人規模の死亡者が出ることを想定していました。しかし，現実に発生したパンデミックの国内死亡者数は想定をはるかに下回り，かつ，活動の制約が保険事故の減少につながったため，生命保険，損害保険ともに保険金などの支払いが急増することはありませんでした。

　他方で，経済・社会活動の制約によって飲食業や宿泊業をはじめ，感染症による間接的な影響が広がりましたが，もっぱら政府が世論に動かされる形で補償（各種の支援金）の担い手となる一方，民間の保険会社は補償を通じた社会的役割を発揮できず，改めて保険の限界を突き付けられました。

　保険会社にとってパンデミックは引き受けが難しいリスクです。過去の観測データが少ないだけでなく，地震や台風などの自然災害に比べて被害が広範囲に及ぶので，分散効果が期待できません。とりわけ，事業中断や経営破綻といった間接的な損害への補償となると，パンデミックの影響があまりに多面的，複合的であるため，損害保険会社がこれまで感染症のリスクをあまり引き受けてこなかったのも理解できます（2020年8月以降，損害保険会社は一部の保険で休業損失補償における一時金支払いを開始しました）。

　だからといって，このままでいいのでしょうか。過去にもSARS（コロナウイルスによる重症急性呼吸器症候群）やエボラ出血熱（エボラウイルスによる感染症）など，感染症はたびたび発生しています。保険産業には次のパンデミックに備えた取り組みが求められており，もし必要と考えるのであれば，政府とともに補償するスキームを真剣に検討すべきです。

パンデミックに対し，保険会社が十分な補償を提供できないという課題は日本だけではなく，海外でも同じです。そうしたなかで，欧米では官民連携によるパンデミック補償スキームを検討する動きが見られます。

2020年7月発行の損害保険事業総合研究所『損保総研レポート（第132号）』に掲載された報告書「新型コロナウイルスの損害保険業界への影響」によると，欧州では損害保険業界が政府と連携した事業中断補償スキームの創設に向けた検討を行っているとのことです。

例えばドイツでは，ドイツ保険協会が6月にディスカッションペーパーを公表し，補償を受ける可能性のある事業者が拠出し，政府も資金を提供するパンデミックリスクに備えた基金の創設を検討しています。イギリスやフランスでは政府による再保険を活用したスキームを検討する動きがある模様です。

同様の動きは米国にもあり，同じ『損保総研レポート』の報告書「米国における新型コロナウイルスと事業中断保険を巡る動向」によると，政府再保険を活用したパンデミックリスク保険制度を創設する法案が連邦議会で検討されています。さらに，米国損害保険協会（PCI）などの業界3団体は，将来のパンデミックの際に事業者を支援する連邦プログラムの創設案を公表しています。こちらのスキームは政府による再保険ではなく，支払い責任はすべて政府が負担し，運営面を保険業界がサポートするしくみとなっているそうです。

感染者数だけを見ても，欧米各国における新型コロナ感染症の影響は非常に大きく，多くの国で日本よりも厳しい経済・社会活動の制限が実施されました（いわゆるロックダウン）。補償に対するニーズも日本以上に強いとみられ，米国やイギリスでは事業中断保険の保険金支払いを求める訴訟も提起されています。

日本の場合，企業のリスクマネジメント意識の低さなどから，企業向けの損害保険は工場火災など財物を補償するものに限定されていることも多く，経済規模に比して損害保険の普及が進まない状況が続いてきました。困ったときは政府が何かをしてくれるという意識も根強く感じます（実際，今回の新型コロナ禍でも政府は各種の給付金を出しています）。とはいえ，官民補償スキームは，セーフティネットのありかたとして日本でも検討に値するのではないでしょうか。

3－2　保険業界と外部のギャップを埋める

　本書で学んだ皆さんは，保険や保険会社について理解が進んだでしょうか。保険は加入率が非常に高く，身近な存在であるにもかかわらず，わかりにくいとされる典型的な商品・サービスです。その保険を提供する保険会社の経営内容は，さらに世の中の理解が進んでいないと感じます。

　一般の人に情報を伝える役割を担うメディアも同じ状況で，保険関連の報道はピントがずれていることもしばしばあります。その結果，例えば2018年，2019年のように，損害保険会社が自然災害の相次ぐ発生で多額の保険金を支払うようなことがあると，「保険会社の経営は大丈夫か？」というトーンで語られてしまう一方，少したって，保険会社が保険料を値上げすると言うと，「コスト削減が先ではないか」と指摘されてしまいます。少し前までは生命保険会社が，「逆ざやで経営が危ない」と心配されるかと思えば，「一等地に立派なビルをいくつも建てるほど儲かっている」と批判されていました（批判のほうは今でも続いているようです）。

　同じ金融機関でも，銀行ではこうはなりません（批判されることは多いようです）。確かに第10章でみたように，銀行よりも保険会社のしくみのほうがわかりにくいとは思いますが，「経営は大丈夫か」と「儲けすぎではないか」が同居しているというのは，社会としてあまり健全な状態ではないでしょう。これはインシュアテックで解決する問題ではなく，**経営の透明性**を格段に高め，地道に啓蒙活動を行っていくしかありません。

　相互会社など非上場の保険会社には実感しにくいかもしれませんが，経営内容がわかりにくいと，外部からの評価はディスカウントされてしまいます。実力は1億円の価値があっても，外部からは5,000万円の価値しかないとされてしまうと，上場株式会社であれば直接的な不利益もありえますし，非上場の会社でも金融機関を含む市場関係者との関わりのなかで，決して有利には働かないでしょう。自らの価値を示す取り組みは重要です。

3－3　本社と現場の距離を縮める

　実のところ，同じような話が保険産業の内部でも見られます。

これまで学んだとおり，保険は確率・統計に基づいた商品で，リスクを引き受けるためには専門的な知見が不可欠です。他方で保険を提供する現場では，顧客に保障（補償）の必要性を理解してもらうため，極めて人間的なマーケティング活動が展開されています。このため同じ保険会社でも，経営陣のいる本社と，保障（補償）サービスを提供する現場の距離が非常に遠いと感じることがしばしばあります。こちらも決していい話ではありません。

　この問題を解決するには相互に理解を深めるほかありませんが，経営の透明性はここでもキーワードです。新型コロナ禍で自分たちの役割を改めて見つめ直した現場関係者も多いなか，「（現場は）よらしむべし，知らしむべからず」というのでは，保険産業に未来はありません。

この章のまとめ

- デジタル化の進展で，保険分野でも新たな商品・サービスが登場
- Ｐ２Ｐ保険のように，従来の保険の概念を変えるものも出現
- 保険産業は「業界と外部」「本社と現場」のギャップを埋める努力が必要で，キーワードは経営の透明性

参考書籍

　以下の書籍は本書を執筆するにあたり参考にしたものです。より深く学びたい方にも役に立つと思います。

植村信保『経営なき破綻 平成生保危機の真実』（日本経済新聞出版）

香取照幸『教養としての社会保障』（東洋経済新報社）

下和田功編『はじめて学ぶリスクと保険 第4版』（有斐閣）

田畑康人・岡村国和編『読みながら考える保険論』（八千代出版）

茶野努・安田行宏編『基礎から理解するERM』（中央経済社）

出口治明『生命保険入門 新版』（岩波書店）

藤井健司『日本の金融リスク管理を変えた10大事件』（きんざい）

森平爽一郎『物語で読み解くデリバティブ入門』（日本経済新聞出版）

森本祐司・松平直之・植村信保『経済価値ベースの保険ERMの本質』（きんざい）

保井俊之『保険金不払い問題と日本の保険行政』（日本評論社）

柳瀬典由・石坂元一・山﨑尚志『リスクマネジメント』（中央経済社）

山下友信・竹濱修・洲崎博史・山本哲生『保険法』（有斐閣）

吉田和央『詳解 保険業法』（きんざい）

米山高生『リスクと保険の基礎理論』（同文舘出版）

索　引

[著者紹介]

植村　信保（うえむら　のぶやす）

福岡大学商学部教授　キャピタスコンサルティング・マネージングディレクター（非常勤）

安田火災海上保険（現損害保険ジャパン），格付投資情報センター，金融庁（任期付職員），キャピタスコンサルティングを経て，2020年から福岡大学で「保険論」「リスクマネジメント論」を担当。専門は保険会社のリスク管理，健全性規制など。
2008年に博士号を取得（早稲田大学・学術）。主な著書は『生保の未来』（日本経済新聞社，1999年），『経営なき破綻　平成生保危機の真実』（日本経済新聞出版社，2008年），『経済価値ベースの保険ERMの本質』（共著，金融財政事情研究会，2017年），『基礎から理解するERM―高度化するグローバル規制とリスク管理』（共著，中央経済社，2020年）など。その他執筆・講演多数。
日本証券アナリスト協会検定会員，日本アクチュアリー会・ERM委員会アドバイザー。

利用者と提供者の視点で学ぶ
保険の教科書

2021年4月15日　第1版第1刷発行
2022年3月5日　第1版第3刷発行

著　者　植　村　信　保
発行者　山　本　　　継
発行所　㈱中央経済社
発売元　㈱中央経済グループ
　　　　パブリッシング

〒101-0051　東京都千代田区神田神保町1-31-2
電話 03（3293）3371（編集代表）
03（3293）3381（営業代表）
https://www.chuokeizai.co.jp
製版／三英グラフィック・アーツ㈱
印刷／三　英　印　刷　㈱
製本／㈲井　上　製　本　所

© 2021
Printed in Japan

＊頁の「欠落」や「順序違い」などがありましたらお取り替えいたしますので発売元までご送付ください。（送料小社負担）
ISBN978-4-502-38271-0　C3034